Defiéndete en FRANCÉS

Frase-libro y diccionario de viaje

ALVAREZ eddy
4 bis, rue paul vaillant
couturier
92300 LEVALLOIS
PERRET

ANAYA TOURING CLUB

DEFIÉNDETE EN
FRANCÉS
Frase-libro y diccionario de viaje

Textos: **Elena Almaraz.**
Introducciones: **Eduardo Rodríguez.**
Traducción y adaptación: **Jesús Cantera Ortiz de Urbina.**

Editores de proyecto: **Luis Bartolomé y Ana María López.**
Coordinadoras técnicas: **Mercedes San Ildefonso y Pila Iglesias.**
Asesor lingüístico: **Cándido Tejerina.**
Fotografías: todas las fotografías pertenecen a **Christine Monot,** excepto: **L.B. Garrido:** 23, 24, 54, 65, 75, 92a, 92b; **Maison de la France:** 19b, 20b, 26, 27, 29, 30, 32, 37, 40a, 47b, 51a, 55a, 67, 74, 76, 85, 97.
Foto cubierta: **Cordon Press.**

Impresión: **Gráficas Muriel, S.A.**

Los editores desean expresar su agradecimiento a la Maison de la France de Madrid, por su valiosa colaboración a la hora de realizar esta guía.

Depósito legal: M-6.022-2003
I.S.B.N.: 84-8165-921-5
Impreso en España - Printed in Spain

Presentación

Defiéndete en Francés es un libro cuyo objetivo es facilitar la comunicación y desenvolvimiento del viajero español por países de habla francesa y con pocos o ningún conocimiento de este idioma.

Los libros de frases como éste gozan de una ya larga tradición en otros ámbitos culturales, pero hasta ahora ninguna editorial española se había planteado la realización de un producto semejante. Ésta es probablemente la característica más destacable de esta colección: **no se trata de la traducción o adaptación de una colección extranjera sino que, desde su origen, está concebida como un instrumento al servicio de los viajeros de nuestro ámbito cultural** y teniendo en cuenta sus puntos de vista, mentalidad, necesidades e intereses.

No por tópico es menos cierto que la mayoría de los españoles tropieza con un acusado sentido del ridículo a la hora de expresarse en otros idiomas. Considerando este hecho diferencial, hemos diseñado un frase-libro cuya eficacia se basa en la sencillez y el sentido del humor.

Sencilla es su estructura, donde los contenidos se articulan según las situaciones típicas de los viajes (medios de transporte, alojamientos, restaurante, compras, etc.) y son de fácil y rápida localización, gracias al empleo de **páginas de distintos colores** y a la existencia de un ***Índice general*** –por apartados– y un ***Índice alfabético.***

Cada apartado comienza con una ***Introducción,*** que informa de las costumbres del país, el funcionamiento de los servicios, las peculiaridades de los diferentes tipos de establecimientos, etc., a la que siguen un ***Vocabulario básico,*** una serie de recuadros con los ***Rótulos más frecuentes*** y una selección de ***Frases útiles.***

El apartado final está formado por un ***Diccionario de viaje*** que recoge unos dos mil vocablos de uso habitual en los viajes.

Igualmente sencillo es el sistema de transcripción fonética utilizado. Salvo algunos sonidos no asimilables a otros castellanos, cuya representación se aclara convenientemente, todo se pronuncia de la misma manera en que se lee en castellano. Este método, que puede parecer algo heterodoxo a los ojos de un filólogo, no necesita de ningún aprendizaje previo y evita las dificultades que el sistema fonético internacional y otros similares plantean al viajero que, normalmente, dispone de poco tiempo para preparar su viaje. Leyendo en su propio idioma el usuario se atreve a expresarse en otra lengua y cada éxito parcial constituye un nuevo estímulo para volver a intentarlo.

ANAYA Touring Club

Cada una de las palabras y frases contenidas en este frase-libro aparece siempre en tres formas distintas; español, francés y la transcripción fonética del texto francés. Con el fin de facilitar la localización de los términos buscados, se presentan con formas tipográficas distintas, pero siempre las mismas:

Idioma español, en negrita.
Idioma francés, en texto normal.
Transcripción fonética, en cursiva.

También se respeta siempre este mismo orden excepto en los casos en que la consulta tenga su origen en un texto francés, como por ejemplo en la lectura de la carta de un restaurante, en cuyo caso aparece en primer lugar el término francés que es el que se quiere consultar.

Cómo localizar la palabra o frase que se necesita

Lo mejor es consultar el ***Índice general*** de la página 5, donde se enumeran los lugares o situaciones habituales en los viajes y buscar en la página correspondiente la palabra o frase que se necesite. Si no se encuentra la palabra o frase deseada, se puede recurrir al ***Índice alfabético,*** situado en las páginas finales, donde se ofrece un elenco mucho más amplio de términos de referencia, seguidos del número de la página o páginas donde aparece cada uno de ellos. Si lo que se busca es una palabra concreta, se puede consultar directamente el ***Diccionario de viaje*** en las páginas finales de color naranja.

Se recomienda también la lectura de las introducciones para familiarizarse con las costumbres y normas de conducta locales.

Transcripción fonética utilizada

Aparece siempre en cursiva y no necesita un aprendizaje previo ya que **basta con leer los textos como si estuvieran escritos en castellano** teniendo en cuenta que los signos *(ë)* y *(ü)* representan sonidos que no existen en español: *(ë)* es un sonido intermedio entre (e) y (u), y *(ü)* es un sonido entre la (u) y la (i) españolas. La *(ch)* se pronuncia como la (ch) española pero privada de ese cierto sonido (t) que la precede. Y el grupo *(dch)* representa un sonido similar a la (ll) argentina.

La pronunciación se aproximará a la correcta en la medida en que se imite la entonación. Conviene tener presente que, para hacerse entender en un idioma, la música es tan importante como la letra. Lo mejor es leer antes la frase para pronunciarla de un tirón, imitando en la medida de lo posible la entonación local.

Índice general

DATOS PERSONALES

Cuando se entra en contacto con un extraño cuyo nombre se desconoce, la primera palabra a pronunciar es ***pardon*** (perdón, disculpe) y a continuación ***monsieur*** (señor), ***madame*** (señora) o ***mademoiselle*** (señorita), según el caso. Y, si se desea algún servicio de esa persona, hay que añadir enseguida ***s´il vous plait***. Son las tres expresiones fundamentales para abordar a un extraño del que se desea ayuda o atención. De no hacerlo así se habrá cometido una incorrección casi imperdonable. La ***politesse*** obliga a este formulismo de presentación.

Si se conoce el nombre o apellido de una persona, hay que llamarla siempre Monsieur o Madame X. Sólo cuando la relación sea más estrecha se hará uso de su nombre de pila. El "tuteo" no se emplea en Francia tanto como en España. Para ello hace falta una mayor relación familiar, laboral o simplemente amistosa. El apellido es muy importante para las relaciones entre franceses. Solamente se usa el del padre. Las mujeres, al casarse, lo pierden para tomar el del esposo que pasará también a sus hijos. Sólo en el caso de disolución del matrimonio recuperará, la mujer, el de su padre, es decir su apellido de soltera.

Vocabulario

Nacionalidad
Nationalité
nasionalité

Nombre
Prénom
prenón

Apellido
Nom
non

DNI
Carte d´identité
kart didantité

Pasaporte
Passeport *paspór*

Edad
Âgé de... *adché dë...*

Mayor/Menor de edad
Majeur/Mineur
madchér/minér

Fecha de nacimiento
Date de naissance
dat dë nesáns

Estado civil
État civil *etá sivíl*

soltero/casado
célibataire/marié
selibetér/marié

viudo/divorciado
veuf/divorcé
vëf/divorsé

Lugar de nacimiento/residencia
Lieu de naissance/résidence
lië dë nesáns/residáns

Dirección
Adresse *adrés*

Profesión
Profession
profesión

¿De dónde es Ud?
D´où êtes-vous?
du et vu

Soy español.
Je suis espagnol.
dchë süi-s-españól

¿Cómo se llama Ud?
Comment vous appelez-vous?
komán vu-s-apëlé vu

Me llamo Juan Gómez.
Je m´appelle Juan Gómez.
dchë mapél juan gómez

¿Cuál es su dirección?
Quelle est votre adresse?
kel e votr´adrés
Resido habitualmente en Sevilla.
En général je réside à Seville.
an dcheneral dche resid a sevill'
¿Está Ud. casado?
Êtes-vous marié?
et vu marié
Sí, estoy casado.
Oui, je suis marié.
ui dchë süí marié
¿Dónde vive Ud?
Où habitez vous?
u abité vu

Vivo en Barcelona.
J´habite à Barcelonne.
dchabít a barselón
Mi dirección en España es...
Mon adresse en Espagne est...
mon adrés an espáñ e...
¿Cuál es su número de teléfono?
Quel est votre numéro de téléphone?
kel e votr´nümeró dë telefón
Mi número de teléfono es...
Mon numéro de téléphone est le...
mon nümeró dë telefón e lë...
Tengo 2 hijos.
J´ai deux enfants.
dche dës anfán

PRESENTACIONES Y SALUDOS

La palabra ***enchanté*** (encantado) se usa, igual que en castellano, en las presentaciones, cuando se conoce a alguien. También se usa cuando se ha entablado conversación con una persona desconocida, en el momento de la despedida. Cuando se encuentra a alguien conocido, lo normal, es preguntarle: ***comment ça va?***, o ***ça va?*** (¿cómo está Ud?). Probablemente su respuesta, en términos coloquiales, sea la misma: ***comment ça va?*** o ***ça va?*** Y así, tras este saludo, se inicia el diálogo.

¿Cómo está Ud?
Comment allez-vous?
komán-t-alé vu
Bien gracias. ¿Y Ud?
Bien, merci. Et vous?
bien, mersí. e vu
Quiero presentarle a un amigo.
Je veux vous présenter un ami.
dchë vë vu presanté ën amí
Éste es el Sr. Tourneur.
Voilá monsieur Tourneur.
vualá mësié turnër

Mucho gusto.
Enchanté.
anchanté
¿Lleva mucho tiempo aquí?
Y a-t-il longtemps que vous êtes ici?
i a-t-il lontán kë vu-s-ets-isí
Acabo de llegar.
Je viens d´arriver.
dche vián darrivé
Vine hace dos días.
Je suis venu il y a deux jours.
dchë süí vënü il i a dë dchur

Hasta mañana.
À demain.
a dëmén
¿Es su primera visita a París?
C´est votre première visite à Paris?
se votr´prëmiér visít a paguí
No, estuvimos aquí el año pasado.
Non, nous y sommes venus l´an dernier.
non, nu-s-i-som venü lan dernié
Me alegra mucho verle.
Je suis enchanté de vous voir.
dchë süí-s-anchanté dë vu vuár
¿Ha tenido buen viaje?
Vous avez fait bon voyage?
vu-s-avé fe bon vuayádch´
¿Qué tal su familia?
Comment va votre famille?
komán va votr´ famíy

Lo siento, tengo que irme.
Je le regrette, je dois partir.
dchë lë rëgrét, dchë duá partír
Ha sido muy agradable.
Ça a été très agréable.
sa a eté tre-s-agreábl´
Salude de mi parte a...
Mes salutations à...
me salütasion a...
Que tengáis un buen viaje.
Je vous souhaite un bon voyage.
dchë vu suét ën bon vuayádch´
¡Hasta pronto! Buena suerte.
À bientôt! Bonne chance.
a bientó! bon chans´
Es Ud muy amable.
Vous êtes très aimable.
vu-s-et tre-s-emábl´
Te telefonearé mañana.
Je te téléphonerai demain.
dchë të telefonëré dëmén

EDAD Y PARENTESCO

Ella tiene 28 años.
Elle a vingt huit ans.
el a ventuit an
Nací el día 5 de julio de 1969.
Je suis né(e) le cinq juillet dix-neuf cents soixante neuf.
dche süí ne lë senk yüyé disnëf san suasant nëf
Soy mayor de edad.
Je suis majeur.
dchë süí madchér

¿Cuántos años tiene Ud?
Quel âge avez-vous?
kel adch avé vu
Tengo 39 años.
J´ai trente neuf ans.
dche trantnëf an
¿Cuántos años tiene ella?
Quel âge a-t-elle?
kel adch a-t-elle

Soy menor de edad.
Je suis mineur.
dchë süí minér
Prohibida la entrada a menores de 18 años.
Entrée interdite aux moins de dix-huit ans.
antré enterdít o muén dë disüít an

Vocabulario

abuela	grand-mère	*gran-mér*
abuelo	grand-père	*gran-pér*
abuelos	grands-parents	*gran-parán*
cuñada	belle-soeur	*bel-sër*
cuñado	beau-frère	*bo-frér*
esposa	épouse	*epús*
esposo/marido	époux/mari	*epú/maguí*
esposos	époux	*epú*
familia	famille	*famíy*
hermana	soeur	*sër*
hermano	frère	*frer*
hija	fille	*fiy*
hijo	fils	*fis*
hijos	fils	*fis*
madre	mère	*mer*
nieta	petite-fille	*pëtít-fiy*
nieto	petit-fils	*pëtít-fís*
nietos	petits-enfants	*pëtí-s-anfán*
novia	fiancée	*fiansé*
novio	fiancé	*fiansé*
padre	père	*per*
padres	parents	*parán*
prima	cousine	*kusín*
primo	cousin	*kusén*
sobrina	nièce	*niés*
sobrino	neveu	*nëvë*
tía	tante	*tant´*
tío	oncle	*onkl´*

HACERSE ENTENDER-EXPRESIONES COTIDIANAS

El francés, sobre todo el parisino, es persona muy acostumbrada a encontrarse con dificultades de idioma en un interlocutor. Francia es un país muy cosmopolita y cualquier francés se ha visto en esta situación más de una vez. Por este motivo, los franceses manejan de una manera especial esas dificultades y en cualquier situación tienen una fórmula preparada para hacerse entender y, al mismo tiempo, comprender al extranjero que les aborde.

El francés, que es un buen conversador, tiene, tal vez por instinto, un alto sentido del diálogo. Es persona curiosa también y hará todo tipo de preguntas sobre los particulares de la persona que acaba de conocer. Siempre de una manera elegante y con su innato culto a la ***politesse***, querrá saber de todo y querrá informar de todo lo que considera interesante de sí mismo. Dará su opinión sobre el tiempo, la actualidad política, los atascos de tráfico, el arte o sobre acontecimientos históricos. El francés siempre opina y, en su larga o corta conversación, se podrá notar que lo hace seguro pero de una manera intrascendental y siempre respetuosa. Aunque sólo sea por hacer uso de ese vicio nacional, encantador vicio, por cierto, que es la ***bavardie.***

PROBLEMAS CON EL IDIOMA

¿Habla Ud. francés?
Parlez-vous français?
parlé vu fransé
Lo siento, no lo hablo.
Je le regrette, je ne le parle pas.
dchë le rëgrét, dchë ne le parl pá
Hablo un poco.
Je parle un peu.
dchë parl ën pë
¿Me comprende?
Vous me comprenez?
vu me konpr´né
No comprendo.
Je ne comprends pas.
dchë ne konprán pa
Por favor, hable más despacio.
S'il vous plaît, parlez plus lentement.
sil vu ple, parlé plü lant´mán

¿Dónde?	Où?	*u*
¿Cuándo?	Quand?	*kan*
¿Cómo	Comment?	*komán*

¿Cuánto o Cuántos?
Combien?
konbién

¿Quién?	Qui?	*ki*
¿Cuál?	Lequel?	*lëkél*
¿Por qué?	Pourquoi?	*purkuá*

¿Puede repetir?
Pouvez-vous répéter?
puvé vu repeté
Por favor, escríbalo.
S'il vous plaît, écrivez-le.
sil vu ple, ekrivélë
Señale la frase en el libro.
Signalez la phrase dans le livre.
siñalé la fras dan lë livr´
¿Puede Ud. hablar más alto?
Pouvez-vous parler plus fort?
puvé vu parlé plü for
¿Qué quiere Ud. decir?
Que voulez-vous dire?
ke vulé vu dir
No entiendo nada.
Je ne comprends rien.
dchë në konprán rién
¿Hay alguien que hable español?
Y a-t-il quelqu´un qui parle espagnol?
i a-t-il kelkén ki parl españól
¿Cómo se pronuncia esta palabra?
Comment prononce-t-on ce mot?
komán pronóns-t-on se mot
Por favor, ¿puede Ud. traducir eso?
S´il vous plaît, pourriez-vous le traduire?
sil vu ple purié vu lë tradüír

DESEOS Y DIFICULTADES

¿Puede Ud. ayudarme?
Pouvez-vous m´aider?
puvé vu medé
¿Podría Ud. decirme...?
Pourriez-vous me dire?
purié vu më dir
¿Qué es esto?
Qu´est-ce que c´est?
kes-kë se
¿Qué desea?
Que désirez-vous?
kë desiré vu
Quisiera una cerveza.
Je voudrais une bière.
dchë vudré -s-ün biér
¿Puedo...?
Est-ce que je peux...?
es-kë dchë pë

No puedo.
Je ne peux pas.
dchë ne pë pa
Necesito...
J´ai besoin de...
dchë bësuén de...
Me gustaría...
J´aimerais...
dchemëré...
¿Tiene Ud?
Avez-vous...?
avé vu...
¿Necesita ayuda?
Avez-vous besoin d´aide?
avé vu bësuán déd
¿Puede darme...?
Pouvez-vous me donner...?
puvé vu më doné...
Busco a...
Je cherche...
dchë cherch´...

He perdido mi pasaporte.
J´ai perdu mon passeport.
dche perdü mon pas´pór
Es urgente.
C´est urgent.
se-t-ürdchán
¿Qué ocurre?
Que se passe-t-il?
ke se pas-t-il
Tengo hambre.
J´ai faim.
dche fem
Tengo sed.
J´ai soif.
dche suaf
Estoy cansado.
Je suis fatigué
dchë sui fatigué
Estoy aburrido/contento.
Je m´ennuie/Je suis content.
dche menuí/dche suí kontán

EXPRESIONES COTIDIANAS

Sí
Oui *uí*
No
Non *no*
Gracias
Merci *mersí*
De nada
Il n´y a pas de quoi
il ni a pa dë kuá
Perdone
Pardon
pardón
Por favor
S'il vous plaît
sil vu ple
Buenos días
Bonjour
bondchúr
Buenas tardes
Bonsoir
bonsuár
Buenas noches
Bonsoir/Bonne nuit
bonsuár/bon nüi

Hola
Salut *salü*
Adiós
Au revoir
o revuár
Hasta luego
À bientôt
a bientó
Hasta ahora
À tout à l´heure
a tut-a lër
Hasta mañana.
À demain.
adëmén
Muchas gracias.
Merci beaucoup.
mersí bocú
¿Me permite?
Vous permettez?
vu permeté
Disculpe.
Excusez-moi.
eksküsé muá

Lo siento.
Je suis désolé.
dchë suí desolé
No importa.
Ça ne fait rien.
sa në fe rién
De acuerdo.
D´accord.
dakór
No estoy de acuerdo.
Je ne suis pas d´accord.
dchë në süí pa dakór
¡Qué pena!
Quel dommage!
kel domádch
¡Qué alegría!
Quelle joie!
kel dchuá
Todo
Tout
tu

Nada.
Rien.
rién
¿Cómo está Ud?
Comment allez-vous?
komán-t-alé vu
Bien, gracias. ¿Y Ud?
Bien, merci. Et vous?
bién, mersí. e vu
Tengo prisa.
Je suis pressé.
dchë süi presé
Espérame/ Esperadme
Attends-moi/ Attendez-moi
atán-muá/ atandé-muá
Vamos
Allons
alón

DIRECCIONES Y ORIENTACIÓN

Nada mejor que ir provisto de un buen mapa o plano de la ciudad en que se esté. Ésto ayudará mucho aunque se haya de solicitar el auxilio de alguien. Sobre el plano se podrá recibir mejor la información que se necesite. Cuando se quiera solicitar información en la calle, lo mejor es recurrir a un policía urbano. Siempre cabe la posibilidad de que la persona que se aborda espontáneamente no sea de la ciudad o desconozca el lugar por el que se pregunta y, en su mejor intención de ayudar, puede dar una información equivocada insuficiente. El policía urbano proporcionará una información clara y segura.

¿Dónde está la Catedral?
Où est la Cathédrale?
u e la catedrál
¿Cómo se va a Lyon?
Comment va-t-on à Lyon?
komán va-t-on a lión
¿Voy bien para Burdeos?
C´est bien par ici pour Bordeaux?
sé bien par isí pur bordó
Siga todo derecho.
Tout droit. *tu druá*
Por favor, señálelo en el mapa.
S´il vous plaît, signalez-le sur la carte
sil vu ple, siñalé-lë sür la kart´

Cruce la calle.
Traversez la rue.
traversé la rü
Tuerza a la izquierda en la primera calle.
Prennez la première à gauche.
prené la premiér a gosh
Al llegar a una plaza, pregunte.
Quand vous arriverez à une place, demandez.
kan vu-s-arivëré a ün plas, dëmandé
¿Dónde hay un cine?
Où est-ce qu´il y a un cinéma?
u es kil i a an sinemá
¿Está cerca?
C´est près d´ici?
se pres disí

¿Está lejos?
C´est loin d´ici?
se luán disí
No está lejos de aquí.
Ce n´est pas loin d´ici.
së ne pa luán disí.
¿Cuánto tiempo se tarda en llegar?
Combien de temps met-on pour y arriver?
konbién dë tan me-t-on puri arrivé

abajo
en bas
an ba
arriba
en-haut
an o
debajo de
sous
su
delante de
devant
dëván
detrás de
derrière
deriér
dentro
dedans
dëdán
encima de
sur
sür
fuera
dehors
dëór
junto a
á côté de
a koté dë
a la derecha
à droite
a druát
a la izquierda
à gauche
a gosh
al norte/sur/ este/oeste
au nord/au sud/ à l´est/à l´ouest
o nord/o süd/ a lest/a luest

ADUANAS Y FRONTERAS

Con la entrada en vigor de los acuerdos de la Unión Europea han desaparecido las fronteras entre España y Francia. Algunos puestos fronterizos han quedado relegados a meros puestos de vigilancia para el control de ciertos transportes. Para entrar en Francia, los ciudadanos españoles sólo necesitan presentar el DNI o el pasaporte en vigor.

aduana
douane
duán
aduanero
douanier
duanié
caducado
périmé
perimé
carné de conducir/ identidad
permis de conduire/ carte d´identité
permí dë kondüir/ kart didantité
certificado de seguro/ de vacunación
certificat d´assurance/ de vaccination
sertifiká dasüráns/ dë vasinasión
control de pasaportes
contrôle de passeports
kontról dë paspórt
declarar
déclarer
deklaré
documentación
papiers
papié
frontera
frontière
frontiér
impreso
imprimé
enprimé
libre de impuestos
exonéré d´impôts
eksoneré denpó
nacionalidad
nationalité
nasionalité
nada que declarar
rien à déclarer
rién a deklaré
pasaporte
passeport
paspór
profesión
profession
profesión
renovar
renouveler
renüv´lé
válido
valable
valábl´
visado de entrada/ de salida
visa d´entrée/ de sortie
visá dantré/ dë sortí

Por favor, su pasaporte.
S´il vous plaît, votre passeport.
sil vu ple, votr´paspór
Por favor, la documentación del coche.
S´il vous plaît, les papiers de la voiture.
sil vu ple, le papié de la vuatür
Aquí tiene.
Voilà.
vualá
¿Tiene algo que declarar?
Avez-vous quelque chose à déclarer?
avé vu kelk chos a deklaré
No, sólo llevo cosas de uso personal.
Non, je n´ai que des affaires personnelles.
non, dchë në kë de-s-afér personél
Sí, quiero declarar esto.
Oui, je veux déclarer ça.
uí, dchë vë deklaré sa
¿Cuál es el motivo de su viaje?
Quel est le motif de votre voyage?
kel e lë motif dë votr´vuayádch
Venimos de vacaciones.
Nous sommes en vacances.
nu som-s-an vakáns
Vengo a visitar a unos amigos.
Je viens voir des amis.
dchë vián vuar de-s-amí
Estoy aquí en viaje de negocios/de estudios.
Je suis ici en voyage d´affaires/d´études.
dchë sui-s-isí an vuayádch´dafér/detüd
¿Cuánto tiempo piensa quedarse?
Combien de temps pensez-vous rester?
konbién dë tan pansé vu resté
Estaré quince días.
Je resterai quinze jours.
dchë restëré kens dchur
¿Pueden darme aquí el visado?
On peut me donner ici le visa?
on pë më doné isí lë visá
No, eso no es mío.
Non, ceci n´est pas à moi.
non, sësí nes pa-s-a muá
Abra su maleta/bolsa.
Ouvrez votre valise/sac.
uvré votr´ valís/sak
¿Cuánto tengo que pagar?
Combien est-ce que je dois payer?
konbién es-kë dchë duá peyé
No, no es nuevo.
Non, ce n´est pas neuf.
non, së ne pa nëf
¿Tiene Ud. más equipaje?
Avez-vous d´autre bagage?
avé vu dotr´bagádch
¿Puedo cerrar mis maletas?
Je peux fermer mes valises?
dchë pë fermé me valís

CORREOS

Además de las oficinas de correos (*Bureau de Poste*-PTT) se pueden comprar sellos de correos en los establecimientos donde se vende el tabaco. Generalmente es una sección de algunos bares y se distinguen por un rótulo rojo que dice *Tabac*.

Si se viaja por el país sin domicilio ni fecha fijos en cada ciudad, es muy aconsejable el uso del servicio de *Poste Restante* o Lista de Correos.

Vocabulario

buzón
boîte aux lettres
buát o letr´

carta
lettre *letr´*

carta certificada/ urgente
lettre recommandée/ exprès
letr´rëkomandé/ eksprés

correo aéreo/ ordinario/urgente
courrier aérien/ ordinaire/urgent
kurié aerién/ ordinér/ ürdchán

destinatario
destinataire *destinatér*

dirección
adresse *adrés*

enviar
envoyer *anvuayé*

firma
signature *siñatür*

franquear
affranchir *afranchír*

giro postal
mandat-poste
mandá post

impresos
imprimés *enprimé*

lista de correos
poste restante
post restánt

oficina de correos
bureau de poste
büró dë post

paquete
colis postal/paquet
kolí postál/paké

remite/remitente
expéditeur
ekspeditér

sello
timbre (–poste)
tenbr´(–post)

sobre
enveloppe
anv´lóp

ventanilla
guichet
guiché

¿Dónde hay una oficina de correos?
Oú est-ce qu´il y a un bureau de poste?
u es kil i a ën büró de post

¿Dónde hay un buzón?
Oú est-ce qu´il y a une boîte aux lettres?
u es kil i a ün buát o letr´

Quiero unos sellos, por favor.
Je voudrais des timbres, s´il vous plaît.
dchë vudré de tenbr´, sil vu ple

Quiero enviar esta carta a Madrid.
Je voudrais envoyer cette lettre à Madrid.
dchë vudré-s envuayé set letr´a madríd

¿Hay un giro postal para mí?
Y a-t-il un mandat-poste pour moi?
i a-t-il ën mandá-post pur muá

¿Hay carta para mí en la lista de correos?
Y a-t-il du courrier pour moi à la Poste Restante?
i a-t-il dü curié pur muá a la post restant

Por favor, firme aquí.
S'il vous plaît, signez ici.
sil vu plé, siñé-s-isí

Quiero enviar esto por correo urgente.
Je veux envoyer ceci par la poste en exprès.
dchë vë anvuayé sesí par la post auksprés

TELÉGRAFO

Quiero enviar un telegrama a Barcelona.
Je désire envoyer un télégramme à Barcelone.
dchë desír envuayé ën telegrám a barselón

¿Cuánto cuesta por palabra?
Quel est le prix du mot?
kel e le prix dü mo

Deme un impreso de telegrama.
Donnez-moi, s´il vous plaît, un imprimé pour un télégramme.
doné muá, sil vu ple, ën enprimé pur ëu telegrám

¿Cuándo llega el telegrama a Bilbao?
Quand arrivera ce télégramme à Bilbao?
kan ariv´rá së telegrám a bilbaó

TELÉFONO

Desde cualquier cabina se pueden realizar llamadas urbanas e interurbanas haciendo uso de monedas o de tarjetas *(Telecarte)* que se venden en las oficinas de Correos o en los *Tabac*. El precio varía en función de los pasos de que disponen. Las tarifas telefónicas ofrecen ciertas reducciones en base a los horarios nocturnos y días festivos.

Para llamar a España, desde Francia, se deberá marcar el número 00 y a continuación el 34 seguido del número del abonado. Ej.: Para llamar a Madrid: 00 + 34 + número del abonado.

Buenos días ¿me pone con el 01 42 34 05 78 de París?
Bonjour, je voudrais le 01 42 34 05 78 de Paris.
bondchúr, dchë vudré lë seró ën carant dë-trent´-katr´ seró senk suasant dixuit dë paguí

Oiga. Soy Alfonso González.
Allô! Ici Alfonso González.
aló isí alfonso gonzalez

Dígame
Allô
aló

Quisiera hablar con André Monot.
Je voudrais parler à André Monot.
dchë vudré parlé a andré monot

Espere un momento, por favor.
Un instant, s´il vous plaît.
ën enstán, sil vu ple

No está en este momento.
Il n´est pas là en ce moment.
il ne pa la an së momán

¿Quiere dejar algún recado?
Désirez -vous laisser un message?
desiré vu lesé ën mesádch

Dígale que ha llamado Alfonso González.
Dites-lui que Alfonso González lui a téléphoné.
dit lüí ke alfonso gonzález la telefoné

Llamaré más tarde.
Je rappellerai plus tard.
dchë rapel´ré plü tar

¿Dónde hay una cabina?
Où est-ce qu´il y a une cabine?
u es kil i a ün kabín

¿Dónde está el teléfono?
Où est le téléphone?
u e le telefón

¿Puedo hacer una llamada internacional desde aquí?
Est-ce que je peux faire d´ici un appel international?
es kë dchë pë fer disí ën apél enternasionál

¿Tiene monedas para el teléfono?
Avez-vous de la monnaie pour le téléphone?
avé vu de la moné pur lë telefón

Por favor, ¿la guía de teléfonos?
S´il vous plaît, l´annuaire téléphonique?
sil vu ple, lanüér telefoník

¿Cuál es el prefijo?
Quel est l´indicatif?
kel e lendikatíf

No se retire, por favor.
Ne quittez pas, s´il vous plaît.
në kité pa, sil vu ple

Vocabulario

auricular
écouteur *ekutér*
colgar
raccrocher
rakroché
comunicar
communiquer
komüniké
conferencia a cobro revertido
communication en PCV
komünikasión an pesevé

descolgar/ descolgado
décrocher/ décroché
dekroché/ dekroché
línea
ligne *liñ*
llamada internacional
appel international
apél enternasionál

locutorio
cabine (téléphonique)
kabín (telefoník)
prefijo
indicatif
endikatíf
teléfono
téléphone
telefón
tono
tonalité
tonalité

NÚMEROS Y FECHAS

1	un	*ën*
2	deux	*dë*
3	trois	*truá*
4	quatre	*katr´*
5	cinq	*senk*
6	six	*sis*
7	sept	*set*
8	huit	*uít*
9	neuf	*nëf*
10	dix	*dis*

11	onze	*ons*
12	douze	*dus*
13	treize	*tres*
14	quatorze	*katórs*
15	quinze	*kens*
16	seize	*ses*
17	dix-sept	*disét*
18	dix-huit	*disuít*
19	dix-neuf	*disnëf*
20	vingt	*ven*
21	vingt et un	*venteén*
22	ving-deux	*vendé*
30	trente	*trant*
40	quarante	*karánt*
50	cinquante	*senkánt*
60	soixante	*suasánt*
70	soixante-dix	*suasánt-dís*
80	quatre-vingt	*katr´vén*
90	quatre-vingt-dix	*katr´vén-dís*
100	cent	*san*
200	deux cents	*dë sán*
1.000	mille	*mil*
2.000	deux mille	*dë míl*
1.000.000	un million	*ën milión*

1º	premier	*prëmié*
2º	deuxième	*dësiém*
3º	troisième	*truasiém*
4º	quatrième	*katriém*
5º	cinquième	*senkiém*
6º	sixième	*sisiém*
7º	septième	*setiém*
8º	huitième	*üitiém*
9º	neuvième	*nëviém*
10º	dixième	*disiém*
11º	onzième	*onsiém*
12º	douzième	*dusiém*

Una vez	Une fois	*ün fuá*
La mitad	La moitié	*la muatié*
Dos veces	Deux fois	*dë fuá*
Un tercio	Un tiers	*ën tiers*
Tres veces	Trois fois	*truá fuá*
Un cuarto	Un quart	*ën kar*

HORA Y TIEMPO

¿Qué hora es?
Quelle heure est-il?
kel ër e-t-il
Por favor, ¿me puede decir la hora?
S´il vous plaît, pourriez-vous me dire l´heure?
sil vu ple, purié vu më dir lër
Son las tres.
Il est trois heures.
il e truá-s-ër
Son las cinco y diez.
Il est cinq heures dix.
il e senk ër dis
Son las seis y cuarto.
Il est six heures et quart.
il e sis ër e kart
Son las cuatro y media.
Il est quatre heures et demie.
il e katr´ ër e dëmí
Son las ocho menos veinte.
Il est huit heures moins vingt.
il e uit ër muén ven
Son las nueve menos cuarto.
Il est neuf heures moins le quart.
il e nëf ër muén lë kar
Son las doce del mediodía.
Il est midi.
il e midí
Son las doce de la noche.
Il est minuit.
il e minüí
A las diez de la mañana.
À dix heures du matin.
a dis-ër dü matén
A las cinco de la tarde.
À cinq heures dë l´après-midi.
a senk ër dë lapremidís

Vocabulario

hoy aujourd´hui *odchordüí*	**la mañana** matin *matén*	**mediodía** midi *midí*
anoche hier soir *ier suár*	**ayer** hie rier	**medianoche** minuit *minui*
anteayer avant-hier *avant-iér*	**mañana** demain *dëmén*	**ayer por la mañana** hier matin *ier matén*

DÍAS, MESES Y ESTACIONES

Son fiestas nacionales en Francia: Año Nuevo (1 de enero), Lunes de Pascua (variable), Fiesta del Trabajo (1 de mayo), Fiesta Nacional (8 de mayo), Ascensión del Señor (variable), Lunes de Pentecostés (variable), Toma de la Bastilla (14 de julio), Asunción de la Virgen (15 de agosto), Todos los Santos (1 de noviembre), Armisticio (11 de noviembre) y Navidad (25 de diciembre).

LOS DÍAS DE LA SEMANA

Hoy es lunes.
Aujourd'hui c'est lundi.
odchurdüí se lëndí

lunes	lundi	*lëndí*
martes	mardi	*mardí*
miércoles	mercredi	*merkrëdí*
jueves	jeudi	*dchëdí*
viernes	vendredi	*vandrëdí*
sábado	samedi	*sam'dí*
domingo	dimanche	*dimánch'*

LOS MESES

¿En qué mes estamos?
C'est quel mois?
se kel muá
Estamos en el mes de mayo.
Nous sommes en mai.
nu som-s-an me

enero	janvier	*dchanvié*
febrero	février	*fevrié*
marzo	mars	*mars*
abril	avril	*avríl*
mayo	mai	*me*
junio	juin	*dchüén*
julio	juillet	*dchüiyé*
agosto	août	*u*
septiembre	septembre	*septánbr'*
octubre	octobre	*oktobr'*
noviembre	novembre	*novánbr'*
diciembre	décembre	*desánbr'*

LAS ESTACIONES DEL AÑO

primavera	printemps	*prentán*
verano	été	*eté*
otoño	automne	*otón*
invierno	hiver	*ivér*

MONEDA Y CAMBIO

Como país miembro de la Unión Europea y perteneciente a la "zona Euro", desde enero de 2002, la unidad monetaria de Francia es el Euro, que se divide en cien céntimos.

¿Dónde está el banco más próximo?
Où est la banque la plus proche?
u e la bank la plü proch´
Quiero cambiar 1.000 dólares en euros.
Je veux changer mil dolars
en euros.
dchë vë chandché mil dolár an ëró
¿A cómo está el cambio?
Quel est le cours du change?
kel e lë kur dü chandch
¿A qué hora abren los bancos?
À quelle heure ouvrent
les banques?
a kel ër uvr´le bank
Deme billetes de 100, por favor.
Donnez-moi des billets de cent
euros, s´il vous plaît.
doné muá de biyé dë san ëró,
sil vu ple

¿Dónde puedo cambiar dinero?
Oú est-ce que je peux changer de
l´argent?
u es kë dchë pë chanché dëlardchán

PESOS Y MEDIDAS

LONGITUD
¿Cuánto mide?
Ça mesure combien?
Sa mesür combiën
¿Cuál es la distancia desde Limoges a París?
Quelle est la distance de Limoges
à Paris?
kelé la distáns dë
limodch a paguí

SUPERFICIE
¿Cuánto mide?
Ça mesure combien?
Sa mesür combiën
¿Cuál es su superficie?
Quelle est sa surface?
kelé sa sürfás

PESO
¿Cuánto pesa?
Combien ça pèse?
combiën sa pes

¿Cuál es su peso?
Quel est son poids?
kelé son puá

CAPACIDAD
¿Qué capacidad tiene?
Quelle est la capacité?
kelé la kapasité
¿Cuál es el volumen de este vaso?
Quel est le volume de
ce verre?
kelé lë volüm de se ver

TEMPERATURA
¿A cuántos grados estamos?
Combien fait-il?
Combiën fetil
Estamos a 22 grados.
Il fait vingt-deux
degrés.
il fe vendë degré

Vocabulario

milímetro
millimètre
milimétr´
centímetro
centimètre
santimétr´
metro mètre *metr´*
kilómetro
kilomètre
kilométr´

milla marina
mile maritime
mil maritím
metro cuadrado
mètre carré
metr´ karé
metro cúbico
mètre cubique
metr´ kübik

gramo gramme *gram*
kilogramo
kilogramme
kilográm
tonelada
tonne *ton*
litro litre *litr´*
medio litro
demi litre
demi litr´

CLIMA

¿Qué tiempo hace?
Quel temps fait-il?
kel tan fe-t-il
Está lloviendo. Il pleut. *il plë*
Está nevando. Il neige. *il nedch*
Está helando. Il gèle. *il dchel*
¿Que tiempo va a hacer?
Quel temps va-t-il faire?
kel tan va-t-il fer

Va a hacer calor.
Il va faire chaud.
il va fer cho
Va a hacer buen tiempo.
Il va faire beau.
il va fer bo
¿Qué tiempo hizo ayer?
Quel temps a-t-il fait hier?
kel tan a-t-il fe ier
Hizo bueno.
Il a fait beau.
il a fe bo
Hizo frío.
Il a fait froid.
il a fe fruá
Hizo calor.
Il a fait chaud.
il a fe cho

LOS COLORES

De qué color es la puerta?
Quelle est la couleur de la porte?
kel e la kulér dë la porte
Es de color rosa.
Elle est rose.
el e ros
¿Tiene algo en azul?
Avez-vous quelque chose en bleu?
avé vu kelk chos an blë

Quiero un tono más claro/oscuro.
Je voudrais un ton plus clair/obscur
dchë vudré ën ton plü kler/obskür

Vocabulario

amarillo	jaune	*dchon*
azul	bleu	*blë*
blanco	blanc	*blan*
negro	noir	*nuár*
rojo	rouge	*rudch*
verde	vert	*ver*
beige	beige	*bedch*
blanco	blanc	*blan*
castaño	châtain	*chatén*
claro	clair	*kler*
crema	crème	*krem*
de color	de couleur	*dë kulér*
dorado	doré	*doré*
gris	gris	*gri*
liso	lisse	*lis*
marrón	marron	*marón*
malva	mauve	*mov´*
neutro	neutre	*nëtr´*
naranja	orange	*orándch´*
ocre	ocre	*okr´*
oscuro	obscur	*obskür*
plateado	argenté	*ardchanté*
rosa	rose	*ros*
salmón	saumon	*somón*
tostado	foncé	*fonsé*
violeta	violet	*violé*

EMERGENCIAS

¡Ayúdeme, por favor!
Aidez-moi, je vous en prie!
edé muá, dchë vu-s-an pri

¡Busquen un médico!
Allez chercher un docteur!
alé ën doktér

¡Cuidado!
Attention!
atansión

Estoy enfermo.
Je suis malade.
dchë süi malád

Estoy herido.
Je suis blessé.
dchë süi blesé

¡Dése prisa!
Dépêchez-vous!
depeché-vu

Ha habido un accidente.
Il s´est produit un accident.
il se prodüí ën aksidán

¡Llamen a una ambulancia!
Appelez une ambulance!
apelé ün anbüláns

¡Llamen a los bomberos!
Appelez les pompiers!
apelé le ponpié

Estoy embarazada.
Je suis enceinte.
dchë süí ansént

Soy alérgico a...
Je suis allergique à...
dchë süí-s-alerdchík a...

Soy diabético.
Je suis diabétique.
dchë süí diabetík

Vocabulario

cuidado	attention	*atansión*
escuche	ecoutez	*ekuté*
fuego	feu	*fë*
pare	arrêtez	*areté*
peligro	danger	*dandché*
policía	police	*polís*
rápido	rapide	*rapíd*
socorro	secours	*sekúr*

Rótulos más frecuentes

À LOUER **se alquila**
À VENDRE **se vende**
APPUYEZ SUR LE BOUTON **pulse el botón**
ARMOIRE/TROUSSE À PHARMACIE **botiquín**
ATTENTION AU CHIEN **cuidado con el perro**
AVIS **aviso**
CHAMBRE ET PETIT DÉJEUNER **cama y desayuno**
CHAUDE (ROBINET) **caliente (grifo)**
COMPLET/PLEIN **completo/lleno**
DAMES (TOILETTES) **señoras (lavabos)**
DANGER **peligro**
DÉFENSE DE FUMER **prohibido fumar**
DÉFENSE D´ENTRER **prohibida la entrada**
DÉFENSE DE PÊCHER **prohibido pescar**
DÉFENSE DE MARCHER SUR LE GAZON **prohibido pisar el césped**
ENTRÉE **entrada**
ENTRÉE INTERDITE AUX PERSONNES NON AUTORISÉES **prohibida la entrada a personas no autorizadas**
ENTREZ SANS FRAPPER **entre sin llamar**
ENTRÉE LIBRE **entrada libre**
FERMÉ **cerrado**
FROIDE (ROBINET) **fría (grifo)**
INFORMATION/ RENSEIGNEMENTS **información**
LIBRE **libre**
LOCATION DE VOITURES **alquiler de coches**
MESSIEURS (TOILETTES) **caballeros (lavabos)**
NË PAS-APPROCHER **no acercarse**

NE PAS DÉRANGER **no molestar**
NE PAS SE PENCHER **no asomarse**
NE PAS TOUCHER **no tocar**
NE PAS OUVRIR **no abrir**
OCCUPÉ **ocupado**
OUVERT **abierto**
PARC DE STATIONNEMENT/ PARKING **aparcamiento**
PASSAGE INTERDITE **prohibido el paso**
BAIGNADE INTERDITE **prohibido bañarse**
PEINTURE FRAÎCHE **recién pintado**
POUSSEZ **empujar**
PREMIER ÉTAGE **primer piso**
PRIVÉ **privado**
RÉCEPTION **recepción**
RÉCLAMATIONS **reclamaciones**
RÉSERVÉ/LOUÉ **reservado**
REZ-DE-CHAUSSÉE **planta baja**
SONNEZ/APPUYEZ SUR LA SONNETTE **llame al timbre**
SORTIE **salida**
SORTIE D´INCENDIE **salida de incendios**
SORTIE DE SECOURS **salida de emergencia**
STATION DE TAXIS **parada de taxis**
TIREZ **tirar**
TOILETTES **servicios**

ALOJAMIENTO

En Francia hay una gran cantidad de cadenas hoteleras modernas y de un buen nivel de servicios con establecimientos en todas las ciudades importantes del país. Algunos de estos hoteles se hallan en las periferias de las ciudades, aunque suelen estar bien comunicados con el centro.

La clasificación de los hoteles, como en España, se establece en base a un número de estrellas, fácil de identificar, a la entrada del hotel, donde debe haber un cartel de color azul con una H en el centro, de color blanco, informando del número de estrellas con que ha sido homologado.

Los precios oficiales de las habitaciones, y del desayuno y comidas se encuentran siempre en lugar visible en la recepción. Algunos ofrecen condiciones especiales para niños acompañados de adultos.

También existe en Francia, aunque los precios suelen ser un tanto elevados, el alojamiento en castillos. El servicio, decoración, atmósfera y situación es similar a los paradores. Normalmente, los restaurantes de estos establecimientos ofrecen exquisitas especialidades de la región además de un gran nivel de cocina internacional. Por su escaso número de habitaciones y la gran demanda de las mismas conviene hacer la reserva de estos lugares con la mayor antelación posible.

Para una más amplia información al respecto es conveniente consultar la ***Guía de Hoteles*** que publica anualmente el Syndicat d'Iniciative y que se puede solicitar gratuitamente en cualquier Oficina de Turismo Francés o en las oficinas de representación en el extranjero.

BUSCANDO ALOJAMIENTO

¿Hay algún hotel cerca de aquí?
Y a-t-il un hôtel près d´ici?
i a-t-il ën otél pre disí

¿Podría recomendarme un buen hotel?
Pourriez-vous me recommander un bon hôtel?
purié vu më rekomandé ën bon otél

¿Podría recomendarme una pensión barata?
Pourriez-vous me recommander un hôtel pas cher?
purié vu më rekomandé ën hotel par cher
¿Podría indicarme un hotel en una zona tranquila?
Pourriez-vous m´indiquer un hôtel dans une zone tranquille?
purié vu mendiké ën otél dan-s-ün son trankíl
¿Podría indicarme un hotel en una zona cerca de la playa?
Pourriez-vous m´indiquer un hôtel près de la plage?
purié vu mendiké ën otél pre de la pladch

¿Podría indicarme un hotel en una zona céntrica?
Pourriez-vous m´indiquer un hôtel central?
purié vu mendiké ën otél santral
¿Podría indicarme un hotel en las afueras?
Pourriez-vous m´indiquer un hôtel en dehors de la ville?
purié vu mendiké ën otél an deór de la viy'

Vocabulario

albergue juvenil
auberge de jeunesse
obérdch´ de dchënés
almohada
oreiller
oreyé
alojamiento
logement
lodch´mán
apartamento
appartement
apart´mán
ascensor
ascenseur *asansër*
botones
groom
grum
bungalow
bungalow
bëngaló
caja fuerte
coffre-fort
kofr´fór
cama
lit *li*
cama supletoria
lit supplémentaire
li suplemantér
camarera/-o
femme/
valet de chambre
fam de chanbr´/
valé de chanbr´
camping
camping *kanpín*
categoría
catégorie *kategorí*
cena
dîner *diné*
colchón
matelas
mat´lá
comida
déjeuner
dedchëné
conserje
concierge
konsiérdch´
cuarto de baño
salle de bain
sal dë ben
cuenta
note *not*
cuna
berceau
bersó
desayuno
petit-déjeuner
peti dedchëné
director
directeur
direktër

doncella
femme de chambre
fam dë chanbr´

dormitorio
chambre *chambr´*

ducha
douche *duch*

funda de almohada
taie d´oreiller
te doreyé

gerente
gérant *dcherán*

habitación
chambre *chanbr´*

habitación con terraza
chambre avec terrasse
chanbr' avék terás

habitación doble
chambre double
chanbr' dubl´

habitación exterior
chambre sur rue
chanbr' sür rü

habitación interior
chambre sur cour
chanbr´ sür cur

habitación con agua corriente
chambre avec de l´eau courante
chanbr´ avék dë lo kuránt

habitación con balcón
chambre avec balcon
chanbr' avek balkón

habitación con baño/ducha
chambre avec bain/douche
chanbr' avék ben/duch

habitación con cama de matrimonio
chambre avec lit à deux places (grand lit)
chanbr' avék li a dë plas (gran li)

habitación orientada al mar
chambre qui donne sur la mer
chanbr´ ki don sür la mer

habitación sencilla
chambre simple
chanbr´ senpl´

habitación tranquila
chambre tranquille
chanbr´ trankíl

hotel hôtel *otel*

llave clé *kle*

manta
couverture
kuvertür

media pensión
demi-pensión
demi-pansión

motel
motel *motél*

pensión
pension
pansión

pensión completa
pension complète
pansión konplét

planta (piso)
étage
etádch

portero
concierge
konsiérdch´

recepción
réception *resepsión*

recepcionista
réceptionniste
resepsioníst

registrarse en el hotel
s´inscrire sur le registre de l´hôtel
senskrír sür lë rëdchístr´ dë lotél

reserva
réservation
reservasión

restaurante
restaurant
restorán

sábana
drap
dra

servicio
service *servís*

servicio de habitaciones
service des chambres
servís de chanbr´

teléfono
téléphone
telefón

temporada alta
haute saison
ot sesón

temporada baja
basse saison
bas sesón

vestíbulo
hall *ol*

Rótulos más frecuentes

BAR	**bar**
CHAMBRE	**habitación**
COMPLET	**completo**
EXTINCTEUR D´INCENDIE	**extintor de incendios**
FERMÉ	**cerrado**
HAUTE SAISON	**temporada alta**
NE PAS DÉRANGER	**no molestar**
OUVERT	**abierto**
PAIEMENT Á L´AVANCE	**pago por adelantado**
RÉCEPTION	**recepción**
SALLE Á MANGER	**comedor**
SERVICE	**servicio**
SORTIE DE SECOURS	**salida de emergencia**
TÉLÉPHONE	**teléfono**
TOILETTES	**lavabos**

EL HOTEL

En la recepción

Quisiera una habitación para dos personas.
Je voudrais une chambre pour deux.
dchë vudré ün chanbr´ pur dë
He reservado una habitación sencilla.
J´ai retenu une chambre à un lit.
dche rétenüün chanbr´ a ën li
¿Hay alguna habitación libre?
Avez-vous une chambre libre?
avé vu ün chanbr´ libr´

Lo siento, está completo.
Je le regrette, c´est complet.
dchë lë regrét, se konplé
¿Ha hecho Ud. reserva?
Avez-vous retenu?
Avé-vu rétenü
No he hecho reserva.
Non, je n´ai rien reservé.
No, dchë ne rien reservé
¿Cuánto tiempo piensan quedarse?
Combién de temps pensez-vous rester?
konbién de temps pansé vu resté

Una noche.
Une nuit. *ün nüí*
Tres días.
Trois jours. *truá dchur*
Hasta el domingo.
A dimanche.
a dimánch´
¿Podemos ver la habitación?
On peut voir la chambre?
on pë vuár la chanbr´
¿Podría enseñarme otra habitación?
Pourriez-vous me montrer une autre chambre?
purié vu-me montré ün otr' chanbr'
¿Pueden poner una cama supletoria?
Pourriez-vous y ajouter un lit supplémentaire?
purié vu-s-i adchuté ën li süplemantér
La agencia de viajes hizo la reserva.
L´agence de voyage a fait la reservation.
ladcháns dë vuayádch a fe la reservasión
¿Tiene aire acondicionado?
La chambre a l´air conditionné?
la chanbr´ a ler condisioné
¿Hay agua caliente?
La chambre a de l´eau chaude?
la chanbr´ a dë lo chod
¿Tiene baño la habitación?
La chambre est avec bain?
la chanbr' e avék ben
¿Tiene calefacción?
La chambre a du chauffage?
la chanbr´a dü chofadch

El precio

¿Cuál es el precio por noche?
Quel est le prix de la nuit?
kel e lë pri de la nüí
¿Está incluido el desayuno?
Petit déjeuner compris?
pëtí dedchëné konprí
Es demasiado fría/caliente.
Elle est trop froide/chaude.
el e tro fruád/chod
Es demasiado oscura/ruidosa.
Elle est trop obscure/bruyante.
el e tro obskür/brüiyant
¿Cuál es el precio por tres días?
Quel est le prix pour trois jours?
kel e lë pri pur truá dchur
¿Es pensión completa?
Le prix c´est la pension complète?
le pri se la pansión konplét
El servicio tiene un recargo de un diez por ciento.
Il y a un supplément de dix pour cent pour le service.
il i a ën süplemán de dis pur san pur lë servís

El registro

Por favor, rellene esta ficha.
Remplissez cette fiche, s´il vous plaît.
ranplisé set fich, sil vu ple
Firme aquí, por favor.
Signez ici, s´il vous plaît.
siñé-s-isí, sil vu ple
¿Cuál es mi habitación?
Quelle est ma chambre?
kel e ma chanbr´
Es la 345, en el tercer piso.
C´est la 345, au troisième étage.
se la 345, o truasiém etádch
Su pasaporte, por favor.
Votre passeport, s´il vous plaît.
votr´ pas´pór, sil vu ple
Yo rellenaré su ficha.
Je remplirai moi-même votre fiche.
dchë ranpliré muá mem votr´fich
Aquí tiene su llave.
Voilà votre clé.
vualá votr´ kle
El mozo le subirá el equipaje.
Le garçon montera vos valises.
lë garsón mont´ra vo valís

El equipaje

¿Pueden llevar mi equipaje a la habitación?
Peut-on porter mes valises à la chambre?
pëton porté me valis a la chanbr´
¿Dónde está mi equipaje?
Ou sont mes bagages?
u son me bagádch´
¿Pueden bajar mi equipaje?
Pourriez-vous descendre mes bagages?
purrié vu desandr' me bagádch´

¿Dónde está mi equipaje?
Ou sont mes valises?
u son me valis
¿Está incluido el servicio?
Service compris?
servís konprí
Sí, el servicio está incluido.
Oui, service compris.
uí, servís konprí

Información y servicios

La llave, por favor.
La clé, s´il vous plaît.
la kle, sil vu ple
La número 345, por favor.
La clé numéro 345, s´il vous plaît.
la kle nümeró truá san carant sank, sil vu ple
¿Ha preguntado alguien por mí?
Quelqu´un m´a demandé?
kelkën ma dëmandé
¿Me ha telefoneado el señor Bartolomé?
Monsieur Bartolomé m´a téléphoné?
mësië bartolomé ma telefoné
¿Hay algún recado para mí?
Y a-t-il des messages pour moi?
i a-t-il de mesádch pur muá
¿Podrían despertarme mañana a las 8?
Pourrait-on me réveiller demain à 8 heures?
puré-t-on më reveyé dëmén a üit ër
¿Cuánto paga el niño?
Combien doit-on payer pour l´enfant?
konbién duá-t-òn peyé pur lanfán

Está en el coche.
Il est dans la voiture.
il e dan la vuatür.
Está en la estación.
Il est à la gare.
il e a la gar
¿Tienen caja fuerte?
Avez-vous un coffre-fort?
avé vu ën kofr´ fór
¿Puedo depositar unos objetos de valor?
Est-ce que je peux y déposer des objets de valeur?
es ke dchë pë i deposé des-obdché dë valër
Estoy esperando una conferencia.
J´attends une communication internationale.
dchatán ün comünicasion enternasionál.
Estaré en el bar.
Je serai au bar.
dchë sëré o bar

Servicio de habitaciones

Hay una llamada para Ud.
On vous appelle au téléphone.
on vu-s-apél o telefón
No se retire, por favor.
Ne quittez pas, s´il vous plaît.
në kité pa, sil vu ple
Por favor, tráigame un sandwich.
Un sandwich s´il vous plaît.
an sanduích sil vu ple
¿Puede limpiar esto?
Vous pouvez nettoyer cela?
vu puvé netuayé selá
¿Quién es?
Qui est-ce?
ki e-s-ë
Un momento, por favor.
Un instant, s´il vous plaît.
ën anstán, sil vu ple
¿Hay alguna carta para mí?
Y a-t-il une lettre pour moi?
i a-t-il ün letr´pur muá
Está aquí el Sr. Gómez.
Monsieur Gómez est ici.
mësië gómez e-t-isí
Dígale que suba.
Dites-lui de monter.
dit lüí de monté
Dígale que bajo enseguida.
Dites-lui que je descends tout de suite.
dit lüí ke dchë desán tu d´süít
¿Puede decir a la camarera que suba, por favor?
Pouvez-vous dire à la femme de chambre de monter, s´il vous plaît?
puvé vu dir a la fam dë chanbr´dë monté, sil vu plaît

¡Pase!
Entrez!
antré
¿Cómo funciona esto?
Comment ça marche?
komán sa march
¿Puede enviar estas cosas a lavar?
Pouvez-vous envoyer ces affaires pour les laver?
puvé vu-s-anvuayé ses afér pur le lavé
¿Puede enviar estas cosas a planchar?
Pouvez-vous envoyer ces affaires pour les repasser?
puvé vu-s-anvuayé ses afér pur le rëpasé

¿Cuándo estarán listas?
Quand est-ce qu´elles seront prêtes?
kan es kel sërón pret
Las necesito mañana por la tarde.
J´en ai besoin pour demain après-midi.
dchan e bësuén pur dëmén apré-midí

Quejas y dificultades

¿Puede Ud. arreglarlo?
Pouvez-vous le réparer?
puvé vu lë reparé
Se ha fundido una bombilla.
L´ampoule est grillée.
lanpúl e griyé

No funciona la calefacción.
Le chauffage ne marche pas.
lë chofádch në mars pa
El lavabo está atascado.
Le lavabo est bonché.
lë lavabó e bon

No hay agua caliente.
Il n´y a pas d'eau chaude.
il ni a pa do chod
Hay demasiado ruido.
Il y a trop de ruit.
il i a tro dë brüí
La ventana no cierra.
On ne peut pas fermer la fenêtre.
on në pë pa fermé la fënétr´
La ventana no abre.
On ne peut pas ouvrir la fenêtre.
on në pë pa-s-uvrír la fënétr´
Me he dejado las llaves dentro.
J´ai oublié les clés dedans.
dche ublié le kle dëdán

He perdido las llaves.
J´ai perdu les clés.
dche perdü le klé

Quisiera hablar con el director.
Je voudrais parler avec le directeur.
dchë vudré parlé avek lë direktër
Quiero hablar con el encargado.
Je veux parler avec le responsable.
dchë vé parlé avek lë responsabl'

Al partir

Me marcho mañana.
Je pars demain.
dchë par dëmén
Prepáreme la cuenta, por favor.
Préparez-moi la note, s´il vous plaît.
preparé muá la not, sil vu ple
¿Puede pedirme un taxi para mañana a las 9?
Pouvez-vous me demander un taxi pour demain neuf heures?
puvé vu më demandé ën taksí pur dëmén nëf ër
¿Puede alguien llevar mi equipaje a la estación?
Y a-t-il quelqu´un pour porter mes valises à la gare?
i a-t-il kelkën pur porté me valís a la gar
Creo que hay un error en la cuenta.
Il me semble qu´il y a une erreur dans la note.
il më sanbl´kil i a ün erér dan la not

Me cobra de menos.
Vous me demandez trop peu.
vu më dëmandé tro pë
Me cobra de más.
Vous me demandez trop.
vu më dëmandé tro
¿Tiene Ud. un horario de trenes?
Avez-vous un horaire de trains?
avé vu-s-ën orér dë tren
¿Cuándo sale el próximo autobús para Lyon?
A quelle heure est le départ du prochain autobus pour Lyon?
a kel ër e lë depár dü prochén otobüs pur lión
¿Podría remitir el correo que reciba a esta dirección?
Pourriez-vous me faire parvenir à cette adresse le courrier que vous recevrez?
purié vu më fer parvenír a set adrés lë kurié kè vu rësëvré
Muchas gracias por todo.
Merci beaucoup pour tout.
mersí bocú pur tu

CAMPING

El camping es una modalidad de alojamiento muy extendida y popular entre los franceses. Por lo que existen numerosos establecimientos de este tipo a lo largo y ancho del país.

Como es lógico la categoría de los campings y el nivel de sus instalaciones y servicios experimentan grandes variaciones y con ellos el precio. Lo mejor es hacerse con una buena guía de campings de Europa o, en su defecto, solicitar la ***Guía de Campings*** que ofrece gratuitamente cualquier representación de la Oficina de Turismo francés.

El francés, buen amante de la naturaleza y gran viajero, utiliza ampliamente estos establecimientos por lo que conviene reservar plaza con bastante antelación.

¿Hay algún camping por aquí cerca?
Y a-t-il un camping près d´ici?
i a-t-il ën kanpín pre disí
¿Podemos acampar aquí?
On peut camper ici?
on pë kanpé isí
¿Hay plazas libres para un coche y dos tiendas?
Y a-t-il des places libres pour une voiture et deux tentes?
i a-t-il dë plas libr´pur ün vuatür e dë tant
¿Cuánto cuesta por día y por persona?
Quel est le prix par jour et par personne?
kel e lë pri par dchur e par persón
¿Podemos poner aquí nuestra caravana?
On peut mettre ici notre caravane?
on pë metr´isí notr´ caravan
¿Puedo aparcar aquí?
Je peux me garer ici?
dchë pë me garé isí
¿Hay algún enchufe por aquí?
Y a-t-il par ici une prise de courant?
i a-t-il par isí ün pris de kurán
¿Dónde están los servicios?
Où sont les toilettes?
u son le tualét
¿Cuánto cuesta por coche?
Quel est le prix par voiture?
kel e lë pri par vuatür
¿Cuánto cuesta por tienda?
Quel est le prix par tente?
kel e lë pri par tant
¿Cuánto cuesta por día?
Quel est le prix par jour?
kel e lë pri par dchur
¿Dónde está el encargado?
Où est le responsable?
u e lë responsábl´
Pensamos estar diez días.
Nous pensons rester dix jours.
nu pansón-s resté di dchur
¿Hay agua corriente/potable?
Y a-t-il de l´eau courante/potable?
i a-t-il dë lo kuránt/potábl´
¿Podemos encender fuego?
On peut faire du feu?
on pë fer dü fë
¿De qué servicios disponen?
Quels services avez-vous?
kel servís ave vu

¿Hay duchas?
Y a-t-il des douches?
i a-t-il de duch
¿Donde se pueden fregar los cacharros?
Où est ce qu' on peut faire la vaisselle?
u es con pë fer la vesél
¿Hay cerca de aquí alguna tienda de alimentación?
Y a-t-il près d´ici une épicerie?
i a-t-il pre disí ün episërí
¿Hay cerca de aquí algún supermercado?
Y a-t-il près d´ici un supermarché?
i a-t-il pre disí ën süpermarché
¿Hay cerca de aquí alguna farmacia abierta?
Y a-t-il près d´ici une pharmacie ouverte?
i a-t-il pre disí ün farmasí uvert
¿Dónde puedo cambiar unas bombonas de gas?
Où est-ce que je peux acheter une bouteille de gaz?
u es kë dchë pë acheté ün butéy de gas
Por favor, ¿le importaría dejarme un martillo?
S´il vous plaît, pourriez-vous me prêter un marteau?
sil vu ple purié vu më preté an martó

Vocabulario

acampar
camper
kanpé
agua potable
eau potable
o potábl´
alquilar louer *lué*
aparcar
stationner *stasioné*
basura
ordures *ordür*
bidón bidon *bidón*
bombona de gas
bouteille de gaz
butéy de gas
caravana
caravane
karaván
carnet de campista
carnet de campeur
karné dë kanpër
categoría
catégorie
kategorí
cocinar
faire la cuisine
fer la küisín
ducha
douche
duch
encendedor
briquet
briké
enchufe
prise de courant
pris dë kurán
hacer fuego
faire du feu
fer dü fë
hoguera
feu *fë*
hornillo
fourneau
furnó
lámpara
lampe
lanp
lavar laver *lavé*
mochila
sac à dos
sak a do
planchar
repasser
rëpasé
prohibido acampar
camping interdit
kanpín enterdí
prohibido aparcar
stationnement interdit
stasion´mán enterdí
registro
inscription/ enregistrement
enskripsión/ anrëgistr´mán
reserva anticipada
réservation anticipée
reservasión antisipé
saco de dormir
sac de couchage
sak de kuchádch´
servicios
toilettes
tualét
tarifa de alquiler
tarif de location
taríf dë lokasión
tela impermeable
toile imperméable
tuál enpermeábl´
tienda de campaña
tente
tant
utensilios de cocina
ustensiles de cuisine
üstansíl dë küisín
vigilante
surveillant
sürveyán

EN EL RESTAURANTE

Es bien conocida la alta reputación internacional de la cocina francesa. El francés eleva a niveles casi místicos el arte de la buena mesa. En Francia es fácil encontrar excelentes restaurantes que rinden culto a este placer de sus clientes.

Se puede comer bien solicitando el *Menú touristique* que ofrecen muchos restaurantes o en un ***bistrot***, restaurante un tanto más informal que suele ofrecer una selecta carta de platos de cocina clásica francesa e internacional. Su precio es bastante más moderado y el ambiente, servicio y decoración suelen ser muy agradables. Además, en las ciudades más importantes, se puede encontrar una gran variedad de restaurantes de todas las nacionalidades.

Son muy populares también, sobre todo en las zonas comerciales, las cafeterías y autoservicios. Naturalmente, en estos lugares se sirven comidas rápidas, pero en un día ajetreado de negocios o de visitas turísticas es un buen recurso para un almuerzo rápido y continuar las actividades sin perder tiempo.

La propina no siempre está incluida y ello se indica en la carta y lista de precios. Si aparece la expresión ***service compris***, se entiende que una propina es siempre bien aceptada, pero no hay obligación de pagar más que lo que marque la factura o ticket de caja. Pero si, por el contrario, en la carta se advierte que no está incluida la propina ***(service non compris)*** se sobreentiende que al total de la factura hay que añadir un 10 por ciento aproximadamente.

El almuerzo comienza a las 12 h y se puede almorzar hasta las 13.30 h, como máximo hasta las 14 h. La cena comienza a las 18.30 h ó 19 h hasta las 21 h. No obstante, siempre se puede encontrar algún local para cenar fuera de estos horarios, sobre todo en las grandes ciudades donde hay locales que atienden hasta 24 horas sin pausa.

Los quesos

Son exquisitos los quesos que se elaboran en Francia con leche de oveja, cabra o vaca. El francés es, por su parte, un gran consumidor de estos productos y de hecho tiene dónde elegir para satisfacer su gusto, a la hora de hablar de las clases de queso que se elaboran en el país es ya tópica la cifra de 350. Los quesos de Normandía, del Pirineo, de Alsacia, de los Alpes son famosos mundialmente. Nombres como Roquefort, Camembert o Brie son estrellas en la industria.

Los vinos

Francia es el primer país exportador de vinos del mundo. Se producen en casi toda su geografía, exceptuando una pequeña parte del norte. Viajando por Francia se ven enormes extensiones de viñedos con cuyo fruto se elaboran los caldos de mayor nombre del mundo. Regiones como Aquitania, Valle del Ródano, Provenza, Lorena, Alsacia, Languedoc, Champagne, Ardenas, Borgoña, Poitou, Charentes son el origen de productos como los cognacs y los champagnes más cotizados en el mundo así como de los nombres de vinos tan sugestivos como los Beaujolais, Burdeos, Côte-d'Or, Côtes du Rhône, Borgoña, Rosellón, etc.

Francia también produce una buena sidra y un original aguardiente de manzana que se elabora en la región normanda.

La cerveza

Los países francófonos europeos poducen muy buenas cervezas. Es notable la variedad y calidad de los que produclen, entre otras, las fábricas alsacianas, belgas y suizas de tan larga tradición.

BUSCANDO RESTAURANTE

¿Podría indicarme un buen restaurante?
Pourriez-vous m´indiquer un bon restaurant?
purié vu mendiké ën bon restorán

¿Podría indicarme un restaurante barato?
Pourriez-vous m´indiquer un restaurant bon marché?
purié vu mendiké ën restorán bon marché

Quiero reservar una mesa para dos personas.
Je désire réserver une table pour deux personnes.
dchë desír reservé ün tabl´ pur dë persón

Quiero reservar una mesa para las ocho de esta noche.
Je voudrais réserver une table pour ce soir à huit heures
dchë desír reservé ün tabl´ pur së suár a uít ër

¿A qué nombre?
A quel nom?
a kel non

¿Hay un restaurante por aquí?
Y a-t-il un restaurant par ici?
i a-t-il ën restorán par isí

¿A qué hora abren?
À quelle heure ouvrez-vous?
a kel ër uvré vu

¿A qué hora cierran?
À quelle heure fermez-vous?
a kel ër fermé vu

PARA PEDIR

Buenos días, ¿tienen mesa libre para dos?
Bonjour, avez-vous une table libre pour deux personnes?
bondchúr avé vu ün tabl´ libr´ pur dë persón
¿Está libre esta silla?
Cette chaise est libre?
set ches e libr´
¡Camarero!
Garçon!
garsón
¡Camarera, por favor!
Mademoiselle, s´il vous plaît!
madmuasél sil vu plé
Por favor, la carta
S´il vous plaît, la carte.
sil vu ple, la kart
Por favor, la carta de vinos.
S´il vous plaît, la carte des vins.
sil vu ple, la kart dë ven
¿Qué nos recomienda?
Que nous conseillez-vous?
kë nu konseyé vu
¿Tienen Uds. menú del día?
Avez-vous un menu touristique?
avé vu ën mënü turistík
Por favor un tenedor.
S´il vous plaît, une fourchette.
sil vu ple, ün furchét
¿Puede traer agua?
Pouvez-vous apporter de l´eau?
puvé vu-s-aporté dë lo
¿Tiene Ud. cordero?
Avez-vous de l'agneau?
avé vu dë lañó
¿Dónde están los servicios?
Où sont les toilettes?
u son les tualét
¿Puede darnos una mesa junto a la ventana?
Pouvez-vous nous donner une table près de la fenêtre?
puvé vu nu doné ün tabl´pre dë la fënétr´

¿Puede darnos una mesa en la terraza?
Pouvez-vous nous donner une table sur la terrasse?
puvé vu nu doné ün tabl´ sür la terás
Queremos comer algo.
Nous voulons manger quelque chose.
nu vulón mandché kelk chos

Queremos algo de beber.
Nous voulons quelque chose à boire.
nu vulón kelk chos a buár
Tenemos prisa.
Nous sommes pressés.
nu som presé
¿Qué nos pueden servir sin esperar?
Qu´est-ce que vous pouvez nous servir sans avoir à attendre?
kes kë vu puvé nu servír san-s-avuár a atándr´
¿Puede recomendarnos un vino de la zona?
Pouvez-vous nous conseiller un vin du pays?
puvé vu nu konseyé ën ven dü pei
¿Puede recomendarnos una especialidad de la casa?
Pouvez-vous nous conseiller une spécialité de la maison?
puvé vu nu konseyé ün spesialité dë la mesón

LA VAJILLA

abrebotellas
ouvre-bouteille(s)
uvr´-butéy
azucarero
sucrier
sükriyé
bandeja plateau *plató*
botella bouteille *butéy*
cenicero cendrier *sandriyé*
copa verre *ver*
— de champán
coupe à champagne
kup a chanpáñ
— de coñac
verre de cognac
ver de koñác
— de vino
verre de vin
ver de ven
cubierto couvert *kuvér*
cuchara cuiller *küiyer*
cucharilla
petite cuiller
pëtít küiyér
cucharilla de café
cuiller à café
küiyer a café
cuchillo couteau *kutó*
fuente plat *pla*

jarra
cruche/carafe
krüch/karáf
— de agua
cruche/carafe d´eau
krüch/caráf do
mantel nappe *nap*
pala pelle *pel*
palillos
cure-dents
kür-dan
pimienta poivre *puavr'*
plato assiette *asiét*
— hondo
assiette creuse/à soupe
asiét krës/a sup
— llano
assiette plate *asiét plat*
sacacorchos
tire-bouchons
tir-buchón
sal le sel *le sel*
salsera saucière *sosiér*
servilleta serviette *serviét*
taza tasse *tas*
tazón bol *bol*
tenedor fourchette *furchét*
vaso verre *ver*
vinagreras huilier *üilié*

PREPARACIÓN

Bajo los epígrafes siguientes se agrupan alfabéticamente los principales tipos de preparaciones y condimentos que se emplean habitualmente.

Se han colocado en primer lugar los términos en francés para facilitar su localización al consultar la carta de los restaurantes.

No obstante, se ofrecen a continuación las preparaciones y condimentos más frecuentes en castellano para el caso de que se desee pedir algo directamente.

à la braise	*a la bres*	**a la brasa**
à la coque	*a la kok*	**pasado por agua**
à l´étouffée/à l'étuvée	*a letufé/aletüvé*	**estofado**
à l´encre	*a lankr*	**en su tinta**
assaisonné	*asesoné*	**sazonado**
assez cuit	*asé küí*	**bastante hecho**
au four	*o fur*	**al horno**
à point	*o puán*	**en su punto**
dans le vinaigre	*dan le vinégr´*	**en vinagre**
avec de la sauce béchamel	*avék dë la sos bechamél*	**con bechamel**
avec de la bleu mayonnaise	*avék dë la blë mayonés*	**con mayonesa**
bouilli	*buyí*	**hervido**
chaud	*cho*	**caliente**
cuit à petit feu	*küí a pëtí fë*	**cocido a fuego lento**
dans son jus	*dan son dchü*	**en su jugo**
en daube	*an dob*	**adobado**
en sauce	*an sos*	**en salsa**
pané	*pané*	**rebozado**
farci	*farsí*	**relleno**
flambé	*flanbé*	**flambeado**
frais	*fre*	**fresco**
frit	*frí*	**frito**
froid	*fruá*	**frío**
fumé	*fümé*	**ahumado**
gratiné	*gratiné*	**gratinado**
grillé	*griyé*	**a la parrilla**
haché	*aché*	**picado**
juteux	*dchütë*	**jugoso**
mijoté	*midchoté*	**rehogado**
pané	*pané*	**empanado**
peu cuit	*pë küí*	**poco hecho**
poché	*poché*	**escalfado**
ragoût	*ragú*	**guisado**
rôti	*rotí*	**asado**
saignant	*señán*	**poco hecho**
salé	*salé*	**salado**
sauté	*soté*	**salteado**
sec	*sec*	**seco**
sur le gril	*sür lëgril*	**a la parrilla**
sur le plat	*sür lë pla*	**al plato**
tendre	*tandr´*	**tierno**
vapeur	*vapër*	**al vapor**

Para pedir como Ud. desee

adobado	en daube	*an dob*
ahumado	fumé	*fümé*
a la brasa	à la braise	*a la bres*
a la plancha	grillé/sur le gril	*griyé/sür lë gril*
al horno	au four	*o fur*
al plato	sur le plat	*sür lë pla*
al vapor	vapeur	*vapér*
asado	rôti	*rotí*
bastante hecho	assez cuit	*asé küí*
caliente	chaud	*cho*
cocido	cuit	*küí*
con poca sal	peu salé	*pë salé*
crudo	cru	*krü*
en su punto	à point	*a puán*
escalfado	poché	*poché*
fresco	frais	*fre*
frío	froid	*fruá*
frito	frit	*frí*
gratinado	gratiné	*gratiné*
hervido	bouilli	*buyí*
pasado por agua	à la coque	*a la kok*
picado	haché	*aché*
poco hecho	saignant/peu cuit	*señán/pë küí*
rebozado	pané	*pané*
rehogado	mijoté	*midchoté*
salado	salé	*salé*
salteado	sauté	*soté*
sin sal	sans sel	*san sel*
tierno	tendre	*tandr´*

CONDIMENTOS

ail	*áy*	**ajo**
aneth	*anét*	**eneldo**
beurre	*bër*	**mantequilla**
cannelle	*kanél*	**canela**
câpres	*kapr´*	**alcaparras**
ciboulettes	*sibulét*	**cebolletas**
citron	*sitrón*	**limón**
épices	*epís*	**especias**
fenouil	*fënúy*	**hinojo**
herbe	*erb*	**hierba**
huile	*üíl*	**aceite**
laurier	*lorié*	**laurel**
margarine	*margarín*	**margarina**
marjolaine	*mardcholén*	**orégano**
confiture	*confitür*	**mermelada**
mayonnaise	*mayonés*	**mayonesa**
menthe	*mant*	**hierbabuena**
miel	*miel*	**miel**
moutarde	*mutárd*	**mostaza**
oignon	*oñón*	**cebolla**
olives	*olív*	**aceitunas**
persil	*persí*	**perejil**
piment	*pimán*	**pimiento**
poivre	*puavr´*	**pimienta**
poivron	*puavrón*	**pimentón**
radis	*radí*	**rábano**

saindoux	*sendú*	**manteca de cerdo**
sauce	*sos*	**salsa**
— tomate	*— tomát*	**— de tomate**
— rose	*— ros*	**— rosa**
— tartare	*— tartár*	**— tártara**
sel	*sel*	**sal**
sucre	*sükr´*	**azúcar**
vinaigre	*vinégr´*	**vinagre**

¿PUEDE UD. TRAERNOS...?

aceite	huile	*üíl*
azúcar	sucre	*sükr*
limón	citron	*sitrón*
mantequilla	beurre	*bër*
margarina	margarine	*margarín*
mayonesa	mayonnaise	*mayonés*
mermelada	confiture	*confitür*
miel	miel	*miel*
mostaza	moutarde	*mutárd*
pimienta	poivre	*puávr´*
pimentón	poivron	*puavrón*
sal	sel	*sel*
salsa	sauce	*sos*
salsa de tomate	sauce tomate	*sos tomát*

El desayuno

¿Qué desea tomar?
Que désirez-vous prendre?
kë desiré vu prandr´

Tomaré té.
Je prendrai un thé.
dchë prandré an té
¿Puede traer café?
Pouvez-vous apporter du café?
puvé vu-s-aporté dü kafé
¿Puede darme más mermelada?
Pouvez-vous me donner un peu plus de confiture?
puvé vu më doné ën pë plü de confitür

azúcar
sucre *sükr´*
bizcocho
biscuit *bisküí*
bollo
petit pain/brioche
petí pen/brioch
café
café *café*
café solo
café noir
kafé nuár
— con leche
café au lait/café crème
kafé o le/kafé krem
— cortado
café noisette
kafé nuasét
— descafeinado
deca *decá*
cereales
céréales *sereál*
desayuno
petit déjeuner
pëtí-dechëné
huevo(s)
oeuf(s)
ëf= sing; ë= plural
— con bacon
oeufs au bacon
ë o bekón
— fritos
oeufs frits *ë fri*
— escalfados
oeufs pochés
ë poché
— pasados por agua
oeufs à la coque
ë a la kok
— revueltos
oeufs brouillés
ë bruyé
leche lait *le*
— fría
lait froid *le fruá*
— caliente
lait chaud
le cho
— con cacao
chocolat
chocolá
— condensada
lait condensé
le kondansé
mantequilla
beurre *bër*
mermelada
confiture
confitür
— de naranja
confiture d´orange
confitür dorándch´
— de fresa
confiture de fraise
confitür dë fres
— de frambuesa
confiture de framboise
confitür de fanbruás
— de limón
confiture de citron
confitür de sitrón

Vocabulario

miel miel *miel*
pan pain *pen*
panecillos
petits pains
pëti pen
rebanada de pan
tranche de pain
tranch de pen
salchichas
saucisses
sosís
té thé *te*
té con leche
thé au lait *te o le*
— con limón
thé au citron
te o sitrón
tostada
toast/tranche
de pain grillé
tost/tranch
dë pen griyé
zumo de frutas
jus de fruit
dchü dë früí
— de limón
jus de citron
dchü de sitron
— de naranja
jus d´orange
dchü doréndch´
— de pomelo
jus de
pamplemousse
dchü dë panplëmús
— de tomate
jus de tomate
dchü de tomát

Entremeses

aceituna olives *oliv*
— rellenas
olives farcies
oliv farsí
alcachofas
artichauts
artichó
anchoas anchois *anchuá*
aperitivo (bebida alcohólica antes de comer)
aperitif *aperitíf*
arenque hareng *arán*
atún thon *ton*
caballa
maquereau
mak´ró
canapés canapés *kanapé*

La carta

cangrejo de mar
crabe
krab
— de río
écrevisses
ekrëvís
caracoles escargots *eskargó*
caviar caviar *kaviár*
champiñones/setas
champignons
chanpiñón
croquetas croquettes *krokét*
empanadillas
friands *frián*
entremeses variados
hors-d´oeuvre variés
or-dëvr´ varié
espárragos
asperges
aspérdch´
fiambres
assiette anglaise
asiét anglés
foie-gras foie-gras *fuá-gras*
gambas
crevettes roses
krëvéts ros
jamón serrano
jambon cru (de montagne)
dchanbón krü (dë montáñ)
— cocido
jambon blanc
dchanbón blan

langostinos crevettes roses *krëvét ros*
langosta langouste *langúst*
mayonesa mayonnaise *mayonés*
mejillones moules *mul*
melón melon *mëlón*
mortadela mortadelle *mortadél*
ostras huîtres *üítr´*
paté paté *paté*
pepinillos cornichons *kornichón*
pimientos poivrons *puavrón*
quisquillas crevettes *krëvét*
rábanos radis *radí*
salchichón saucisson *sosisón*
salmón (ahumado) saumon (fumé) *somón fümé*
sardinas sardines *sardín*
tortilla omelette *om'lét*

Sopas

caldo bouillon *buyón*
consomé consommé *konsomé*
sopa de ajo soupe à l´ail *sup a lày*
— de cebolla soupe à l´oignon *sup a loñón*
— de champiñón soupe aux champignons *sup o chanpiñón*
— de espárragos soupe aux asperges *sup o-s-aspérdch*
— de judías soupe aux haricots *sup o-s-arikó*
— de pescado soupe de poisson *sup de puasó*
— de puerros soupe aux poireaux *sup o puaró*
— de verduras soupe aux légumes *sup o legüm*
juliana soupe julienne *sup dchülién*

Pastas

canelones cannelloni *kanelonî*
espaguetis spaghetti *spaguetí*
fideos vermicelle *vermisél*
lasaña lasagne *lasáñ*
raviolis raviolis *raviolí*
tallarines nouilles *núy*

Verduras y legumbres

acelga blette *bet*
achicoria chicorée *chikoré*
ajo ail *áy*
alcachofas artichauts *artichó*
alubias haricots *arikó*
apio céleri *selerí*
arroz riz *ri*
berenjena aubergine *oberdchín*

berros cresson *kresón*
berza chou *chu*
brécol brocolí *brokolí*
calabacín courgette *kurdchét*
cardo cardon *kardón*
cebolla oignon *oñón*
cebolleta ciboulette *sibulét*
champiñón/seta
champignon
chanpiñón

col chou *chu*
coles de Bruselas
chou de Bruxelles
chu dë brüsél
coliflor chou-fleur *chu-flër*
endibias endives *andív*
escarola scarole *skarol*
espinacas épinards *epinár*
garbanzos
pois chiches
puá chich

guisantes
petits pois
pëti puá
habas féves *fev*
hinojo fenouil *fënúy´*
judías verdes
haricots verts
arikó ver
lechuga laitue *letü*
lentejas lentilles *lantíy´*
lombarda
chou rouge
chu rudch
maíz maïs *maís*
nabos navets *navé*
patatas
pommes de terre
pom dë ter
pepino concombre *konkónbr´*
perejil persil *persíl*
pimientos poivrons *puavrón*
puerros poireaux *puaró*
rábanos radis *radí*
remolacha
betterave
bet´ráv
repollo
chou (pommé)
chu (pomé)
tomates tomates *tomát*
zanahorias
carottes *zanahorias*

HUEVOS

al plato oeufs au plat *ë o pla*
cocidos oeufs durs *ë dür*
con jamón
oeufs au jambon
ë o dchanbón
escalfados
oeufs pochés *ë poché*

fritos oeufs frits *ë fri*
pasados por agua
oeufs à la coque
ë a la kok
revueltos
oeufs brouillé
ë bruyé

ENSALADAS

— de endibias
salade d´endives
salád dandív
— de escarola
salade de scarole
salád deskaról

— de lechuga
salade de laitue
salád dë letü
— mixta
salade mixte
salád mikst´

PESCADOS Y MARISCOS

almejas clovisses *klovís*
anchoas/boquerones
anchois
anchuá
anguila anguille *anguíy´*
angulas civelles *sivél*
arenque hareng *arán*
atún thon *ton*
bacalao morue *morü*
besugo daurade *dorád*
bonito bonite *bonít*

breca ablette *ablét*
caballa maquereau *mak'ró*
calamares calmars *kalmár*
cangrejos de mar
crabe
krab
— de río
écrevisse
ekrëvís
carpa carpe *karp*
caviar caviar *kaviár*
congrio congre *kongr´*
coquinas
petites clovisses *pëtít klovís*

gallo limande *limánd*
lamprea lamproie *lanpruá*
langosta langouste *langúst*
langostinos
langoustines
langustín
lenguado sole *sol*
lubina loubine *lubín*
lucio brochet *broché*
marisco
fruits de mer
früí dë mer
mejillones moules *mul*
mero mérou *mero*
merluza colin *kolén*
mújo muge *müdch*
ostras huîtres *üitr´*
perca perche *perch*
percebes anatifes *anatíf*
pescadilla merlan *merlán*
pescado poisson *puasón*
pez espada
poisson epé
puasón epé
rape baudroie *bodruá*
raya raie *re*
róbalo bar *bar*
rodaballo turbot *türbó*
salmón saumon *somón*
salmonete rouget *rudché*
sardinas sardines *sardín*
tenca tanche *tanch*
tiburón requin *rëkén*
tortuga tortue *tortü*
trucha truite *trüít*
vieira
coquille Saint-Jacques
kokiy´sen-dchak

CARNES

ala aile *el*
albóndigas boulettes *bulét*
aves volaille *voláy*
callos tripes *trip*
capón chapon *chapón*
carne picada
viande hachée
viand aché

carnero mouton *mutón*
caza
gibier (masc.) *dchibié*
cerdo cochon *kochón*
cerdo porc *pork*
chuleta côtelette *kotëlét*
chuletón
côte de boeuf *cot de bëf*

cochinillo
cochon de lait
kochón dë le
codorniz caille *káiy´*
conejo lapin *lapén*
cordero/oveja
mouton
mutón
escalope (bistec de ternera)
escalope (fem.)
eskalóp
faisán faisan *fesán*
filete beefsteak *bifsték*
ganso jars *dchar*
hamburguesa
hamburger
anbürgër
hígado foie *fuá*
jabalí sanglier *sangliyé*
jamón jambon *dchanbón*
lengua langue *lang*
liebre lièvre *lievr´*
mollejas
ris de beau
ri de bo
paletilla
épaule (de mouton)
epól (dë mutón)
paloma pigeon *pidchón*
pata cuisse *kuís*
pato canard *kanár*
pavo dinde *dend'*
perdiz perdrix *perdrí*
picadillo hachis *achí*
pierna (de cordero)
gigot *dchigó*
pollo poulet *pulé*
rabo de buey/toro
queue de boeuf
kë dë bëf
ragú ragoût *ragú*
riñones rognons *roñón*
rosbif rostbeef *rosbíf*
salchichas saucisses *sosís*
sesos cervelle *servél*
solomillo filet *filé*
solomillo de cerdo
filet mignon
filé miñón
ternera veau *vo*
tocino lard *lar*
vaca boeuf *bëf*
venado cerf *ser*

POSTRES

arroz con leche
riz au lait
ri o le
budín pudding *pudín*
bizcocho biscuit *bisküí*
compota de fruta
compote de fruit
konpót de früí
flan flan *flan*
helado
glace (fem.)
glas
crepes crêpes *krep*
macedonia
salade de fruits
salad de fruí
mousse de café/chocolate
mousse au café/au chocolat
mus o kafé/o chokolá

natillas
crème anglaise
krem anglés
pastas
petits fours secs *pëtí fur sec*
pasteles gâteaux *gató*
requesón
fromage blanc
fromadch' blan
souflé suflé *suflé*
tarta tarte *tart*
tarta de chocolate
gâteau au chocolat
gató o chokolá

FRUTAS

albaricoques
abricots
abrikó
almendras
amandes
amánd
arándanos airelles *erél*
avellanas
noisettes
nuasét
cacahuetes
cacahuètes
kakauét
calabaza citrouille *sitrúy´*
castañas châtaignes *chatéñ*
cerezas cerises *sërís*
ciruelas prunes *prün*
ciruelas pasas
pruneaux (masc.)
prünó
dátiles dattes (fem.) *dat*
frambuesas
framboises
franbruás
fresas fraises *fres*
grosellas blancas/rojas
groseilles blanches/rouges
groséy´blanch'/rudch´
higos figues *fig*
limón citron *sitrón*
mandarina
mandarine
mandarín
manzana pomme *pom*
melocotón
pêche (fem.)
pech
melón melon *mëlon*
membrillo
coing
kuén
moras mûres *mür*
naranja orange *orándch'*
nueces noix *nuá*
nuez de coco
noix de coco
nuá de kokó
pera poire *puár*
piña
ananas (masc.)
ananá
plátano
banane (fem.)
banán
pomelo
pamplemousse
panplëmús
ruibarbo
rhubarbe (fem.)
rübárb
uvas
raisin (masc.)
resén
zarzamora
mûres sauvages
mür sovádch

QUESOS

¿Cómo le gustan?
Comment les aimez-vous?
komán le-s-emé vu
blando mou *mu*
curado sec/affiné *sek/afiné*
de untar fondu *fondü*
duro dur *dür*
fresco frais *fre*
queso
fromage *fromádch*
rallado râpé *rapé*
tierno mou *mu*
tipo... (Roquefort/Camembert...)
type... (Roquefort/Camembert...)
tip... (rokefór/kamanbér...)

LA CARTA DE BEBIDAS

VINOS

ácido acide *asíd*
afrutado
fruité
früíté
añejo vieux *vië*
blanco blanc *blan*
bodega cave *kav*
brut brut *brü*
champán
champagne
chapáñ
cosecha cru *krü*
denominación de origen/región
appellation d´origine contrôlée (AOC)
apelasión doridchín controlé (AOC)
dulce sucré *sükré*
grado alcohólico
degré alcoolique
degré alkolík

joven jeune *dchën*
ligero
léger
ledché
moscatel
muscat
müská
mosto moût *mu*
picado piqué *piké*
recio fort *for*
reserva
réserve
resérv
rosado rosé *rosé*
seco sec *sek*
suave doux *du*
tinto
rouge
rudch

CERVEZAS

botella de cerveza
bouteille de bière/ canette de bière
butéy´dë biér/ kanét dë biér
cerveza bière *biér*
— de barril
bière pression/demi
bièr presión/demí
— negra
— brune — *brün*
— rubia
— blonde/rousse (ámbar)
— *blond/rus*

vaso/caña de cerveza
un demi
ën demí

Licores

aguardiente
eau-de-vie *o dë vi*
anís
eau-de-vie anisée/anisette
o dë vi anisé/anisét
bebida alcohólica
boisson alcoolisée
buasón alkolisé
calvados calvados *kalvadó*
coñac cognac *coñác*
crema de grosellas
crème de cassis *crém de casí*

ginebra gin *dchin*
licor liqueur *likër*
ponche punch *ponch*
ron rhum *rom*
sidra cidre *sidr´*
vermú
vermouth *vermút*
vodka vodka *vodká*
whisky whisky *uiskí*

Bebidas sin alcohol

agua mineral
eau minérale
o minerál
— con gas
eau gazeuse *o gasës*
— sin gas
eau plate *o plat*
batido lait battu *le batü*
bebida sin alcohol
boisson sans alcool
buasón san-s-alkól
limonada/sangría
limonade *limonád*
naranjada
orangeade *orandchád*
sirope sirop *siróp*
soda soda *sodá*
tónica tonique *toník*

zumo jus *dchü*
— de frutas
jus de fruits
dchü dë früí
— de limón
jus de citron
dchü dë sitrón
— de naranja
jus d´orange
dchü dorándch´
— de pomelo
jus de pamplemousse
dchü de panplëmús

QUEJAS Y RECLAMACIONES

Esto no es lo que yo he pedido.
Ce n´est pas ce que j´ai demandé.
së ne pa së kë dche dëmandé
¿Puede cambiarme esto?
Vous pouvez me changer cela?
vu puvé më dchandché sëla
El pescado no es fresco.
Le poisson n´est pas frais.
lë puasón ne pa fre
Este vino está picado.
Ce vin est piqué.
së ven e piké
Esta carne está demasiado hecha.
Cette viande est trop cuite.
set viánd e tro küí
¿Quiere decir al encargado que venga?
Voulez-vous dire au responsable de venir?
vulé vu dir o responsábl´ dë vënír

Este vino no está bien.
Ce vin n´est pas bon.
së ven ne pa bon
Esta carne está poco hecha.
Cette viande est peu cuite.
set viánd e pë küí
Esto está demasiado frío.
C´est trop froid.
se tro fruá
Esto está demasiado salado.
C´est trop salé.
se tro salé
Camarero, he pedido hace mucho rato.
Garçon, j´ai fait ma commande il y a déjà longtemps.
garsón, dche fe ma kománd il i a dedchá lontán

LA CUENTA

Por favor, la cuenta.
S´il vous plaît, la note.
sil vu ple, la not
¿Nos trae la cuenta, por favor?
La note, s´il vous plaît?
la not, sil vu ple
Todo junto, por favor.
Tout ensemble, s´il vous plaît.
tut ansámbl´ sil vu ple
Pagamos por separado.
Nous payons séparément.
nu peyón separemán
Creo que hay un error.
Il me semble qu´il y a une erreur.
il më sanbl´ kil i a ün erër
Nosotros no hemos tomado esto.
Nous n´avons pas pris ceci.
nu navón pa pri sësí

Quédese con la vuelta.
Gardez la monnaie.
gardé la moné
Esto es para Ud.
C´est pour vous.
se pur vu
¿Les ha gustado?
Ça vous a plu?
sa vu-s-a plü
La comida ha sido excelente.
Le repas a été excellent.
lë rëpá a eté ekselán
Se ha olvidado de poner…
Vous avez oublié de donner…
vu-s-avé ublié de doné…
¿Está el servicio incluido?
Le service est compris?
lë servís e komprí

MEDIOS DE TRANSPORTE

Para que Ud. pueda entender los letreros, tablas de horarios, etc. en una estación de tren, en un metro o una estación de autobuses, se ofrece este listado de rótulos comunes. Aquéllos que son específicos de un medio de transporte se desarrollan en su apartado correspondiente.

Rótulos más frecuentes

ARRIVÉE	**Llegada**
ASCENSEUR	**Ascensor**
AVIS	**Aviso**
BILLETS	**Billetes**
CAFETERIA	**Cafetería**
CONSIGNE	**Consigna**
DESTINATION	**Destino**
ENREGISTREMENT	**Facturación**
ENTRÉE	**Entrada**
GUICHETS	**Taquillas**
HEURE	**Hora**
HORAIRE	**Horario**
INFORMATION	**Información**
LIBRE	**Libre**
OCCUPÉ	**Ocupado**
POINT DE RENCONTRE	**Punto de encuentro**
POLICE	**Policía**
PORTE	**Puerta**
POSTE DE SECOURS	**Botiquín**
PRIX	**Precio**
QUAI	**Andén**
RETARD	**Retraso**
RESTAURANT	**Restaurante**
SALLE D´ATTENTE	**Sala de espera**
SORTIE	**Salida**
TABAC	**Estanco**
TÉLÉPHONE	**Teléfono**
TOILETTES	**Aseos**
VENTE DE BILLETS	**Venta de billetes**

Vocabulario

aire acondicionado
air conditionné/climatisé
er kondisioné/klimatisé

andén quai *ke*

billete billet *biyé*

— de ida
billet simple
biyé senpl´

— de ida y vuelta
billet d´aller et retour
biyé dalé e retúr

botiquín (estuche)
trousse à pharmacie
trus a farmasí

cancelar el billete
annuler le billet
anulé lë biyé

consigna
consigne *konsíñ*

destino
destination
destinasión

hacer transbordo
changer de train
chandché dë tren

equipaje
bagage
bagádch

equipaje de mano
bagage à main
bagádch a men

estación
gare
gar

Vocabulario

hora heure *ër*
horario horaire *orér*
línea ligne *liñ*
llegada arrivée *arivé*
parada arrêt *aré*
pasajero passager *pasadché*
procedencia provenance *provenáns*
puerta porte *port*
retraso retard *retár*
subir al tren/ autobús monter au train/ à l´autobus *monté o tren/ a lotobüs*
suplemento supplément *suplemán*
taquillas guichets *guiché*
transbordo correspondance *korrespondans*
viajero voyageur *vuayadchër*

AUTOBÚS Y TRANVÍA

Las grandes ciudades poseen una buena red de autobuses urbanos e interurbanos. No obstante, si no se está muy familiarizado con la ciudad hay que asegurarse de la parada que se desea. En caso de dificultad, lo mejor es pedir ayuda al conductor. Existen tarifas especiales para el uso semanal, para jóvenes y estudiantes y para turistas; muchas veces en combinación con los demás transportes públicos. Lo mejor es informarse en las oficinas de turismo de cada ciudad.

Rótulos más frecuentes

ARRÊT **Parada**
LIGNE **Línea**
ARRÊT DEMANDÉ **Parada solicitada**

Vocabulario

autobús autobus *otobús*
conductor conducteur *konduktër*
estación de autobuses gare routière *gar rutiér*
revisor controleur *kontrolër*

¿Dónde está la estación de autobuses?
Où est la gare routière?
u e la gar rutiér

¿Dónde puedo coger un autobús?
Oú est-ce que je peux prendre un autobus?
u es-kë dchë pë prandr´ën otobüs

¿Qué autobús va a París?
Quel est l´autobus qui va à Paris?
quel est l´autobüs qui va á paguí

¿Cuándo pasa el próximo autobús para París?
À quelle heure passe le prochain autobus pour Paris?
a kel ër pas lë prochén otobüs pur paguí
¿Tengo que cambiar de autobús?
Est-ce que je dois changer d´autobus?
es-kë dchë duá chandché dotobüs
El número 20.
Le numéro 20.
lë numeró van
¿Va este autobús a París?
Est-ce que cet autobus va à Paris?
es-ke set otobüs va a paguí
Quiero un billete para Lyon.
Je désire un billet pour Lyon.
dchë desír ën biyé pur lión

¿Cuánto cuesta el billete?
Quel est le prix du billet?
kel e lë pri dü biyé
Voy a Toulouse. ¿Puede avisarme cuándo lleguemos?
Je vais à Toulouse. Pourriez-vous m´avertir quand nous arriverons?
dchë ve-s-a tulús. purié vu mavertír kan nu-s-arivërón
Billetes, por favor.
Billets, s´il vous plaît.
biyét sil vu ple
Pare en la próxima, por favor.
Arrêtez, s´il vous plaît, au prochain arrêt.
areté, sil vu ple, o prochén aré
Deme mi equipaje, por favor.
Donnez-moi mon bagage, s´il vous plaît.
doné-má mon bagádch, sil vu ple

EL AVIÓN

Rótulos más frecuentes

AÉROPORT **Aeropuerto**
AVIÓN **Avión**
BOUCLEZ VOS CEINTURES **Abróchense los cinturones**
CHANGE **Cambio de moneda**
CLASSE ÉCONOMIQUE/ TOURISTE **Clase turística**
CONTRÔLE DES PASSEPORTS **Control de pasaportes**
COMPAGNIE **Compañía**
PASSAGERS SANS BAGAGE **Pasajeros sin equipaje**
PORTE D´EMBARQUEMENT **Puerta de embarque**
PREMIÈRE CLASSE **Clase preferente**
RÉSERVATIONS D´HÔTEL **Reservas de hotel**
SALLE **Sala**
SEULEMENT LES PASSAGERS AVEC CARTE D´EMBARQUEMENT **Sólo pasajeros con tarjeta de embarque**
VOL **Vuelo**
NATIONAL/INTERNATIONAL **Nacional/Internacional**

Vocabulario

abrocharse el cinturón
bouclez vos ceintures
buklé vo sentür
aeropuerto
aéroport
aeropór
alas ailes *el*
artículos libres de impuestos
articles libres d´impôts
artíkl´ libr´ denpó
aterrizar
atterrir
aterír
avión avion *avión*
azafata
hôtesse de l´air
otés dë ler
chaleco salvavidas
gilet de sauvetage
dchilé dë sov´tádch

Vocabulario

cinturón de seguridad
ceinture de sécurité
sentür dë sekurité
clase turista
classe touriste
klas turíst
primera clase
première classe
premiér klas
compañía aérea
compagnie aérienne
konpañí aerién
despegar
décoller *dekolé*
equipaje de mano
bagage à main
bagádch a men
escala escale *eskál*
exceso de equipaje
excédent de bagages
eksedán de bagádch
línea aérea
ligne aérienne
liñ aerién
marearse
avoir mal au coeur/ le mal de l'air
avuár mal o kërl/ le mal de ler
motor
moteur
motër
niebla
brouillard
bruyár
paracaídas
parachute
parachüt
piloto pilote *pilót*
pista de aterrizaje
piste d´atterrissage
pist daterisádch
tiempo de vuelo
temps de vol
tan de vol
tripulación
équipage *ekipádch*
volar voler *volé*
vuelo charter
vol charter
vol chart
— regular
vol régulier
vol regülié

Pasajeros del vuelo 187 con destino Madrid embarquen por puerta 3.
Passagers du vol 187 à destination de Madrid embarquez porte n° 3.
pasadché dü vol san cátre ven set a destinasión dë madrí anbarké port numeró truá
¿Hay vuelo directo a Madrid?
Y a-t-il un vol direct pour Madrid?
i a-t-il ën vol dirékt pur madríd
¿Cuánto cuesta el billete?
Quel est le prix du billet?
kel e lë pri dü biyé
Quiero reservar un billete a Madrid, para el día 2, a las 8.
Je désire réserver un billet pour Madrid, le deux à huit heures.
dchë desír reservé ën biyé pur madrí, lë dë a üit ër
Hay un retraso de una hora.
Il y a un retard d'une heure.
il i a ën retár dün ër
¿Puede darme algo contra el mareo?
Pourriez-vous me donner quelque chose contre le mal au coeur?
purié vu më doné kelk chos kontr´ lë mal o kër
¿Cuántas horas de vuelo son?
Combien d´heures met l´avion pour ce vol?
konbién dër me lavión pur së vol
Quiero cancelar una reserva.
Je désire annuler une réservation.
dchë desír anulé ün reservasión
Tiene Ud. exceso de equipaje.
Vous avez un excédent de bagages.
vu-s-avé ën eksedán dë bagádch´
¿A qué hora llega el avión de Madrid?
À quelle heure arrive l´avion de Madrid?
a kel ër arív lavión dë madríd
Abróchense los cinturones.
Bouclez vos ceintures.
buklé vo sentür

EL BARCO

atracar
amarrer
amaré
babor
babord
babor
borda bord *bor*
bote de salvamento
canot de sauvetage
kanó de sov´tádch
butaca
fauteuil *fotéy´*
camarote
cabine
kabín
chaleco salvavidas
gilet de sauvetage
dchilé de sov´tádch
clase classe *klas*
— primera clase
première classe
premiér klas
— clase turista
classe touriste
klas turíst
crucero
croisière
kruasiér
cubierta
pont
pon
desembarcar
débarquer
debarké
escala escale *eskál*
esclusa écluse *eklüs*
estribor
tribord
tribór
litera
couchette
kuchét
mar
mer (fem.)
mer
marearse
avoir le mal de mer
avuár le mal dë mer
pasaje
billet
biyé
popa poupe *pup*
proa proue *pru*
puerto
port
por
salón salon *salón*
salvavidas
sauvetage
sov´tádch
transbordador
transbordeur
transbordër
zarpar
lever l´ancre
lëvé lankr´

¿A que hora zarpa el barco para Calais?
À quelle heure lève l´ancre le bateau pour Calais?
a kel ër lev lankr´ lë bató pur calé
Estoy buscando el camarote 241.
Je cherche la cabine deux cents quarante et un.
dchë cherch´ la kabín dë san carant' e ën
Quiero un pasaje para Calais.
Je désire un billet pour Calais.
dchë desír ën billet pur calé
Quiero un camarote doble.
Je voudrais une cabine double.
dchë voudré ün kabín dubl´
¿Hay un médico a bordo?
Y a-t-il un médecin à bord?
i a-t-il an med'sén a bord
Estoy mareado.
J´ai mal au coeur
dche mal au kër
¿A qué hora atracamos en Calais?
À quelle heure arrivons-nous à Calais?
a kel ër arivón-nu-s-a calé
¿Podemos bajar a tierra?
On peut débarquer?
on pë debarké
¿Cuánto tiempo?
Combien de temps?
konbién de tan

METRO

El Metro en París cubre casi toda la extensión de la ciudad y también se puede combinar con los servicios suburbanos (RER).

Conviene proveerse de un plano de la red que se ofrece gratuitamente. No obstante, en algunas estaciones existe un plano de gran tamaño, y bajo él un panel con el nombre de todas las estaciones en orden alfabético; pulsando el botón correspondiente a la estación a la que se desea ir, aparece en el plano, iluminado, el recorrido a efectuar con los transbordos necesarios. Las líneas reciben el nombre de sus estaciones cabecera y final además de distinguirse por colores. Se debe prestar especial atención al hecho de que a veces una misma línea conduce a dos terminales distintas. Para evitar cualquier posible error o confusión conviene asegurarse del destino final del próximo tren en un panel eléctrico que generalmente está situado en el centro del andén.

Se venden en las taquillas unos tacos de 10 billetes a un precio muy conveniente siempre que se vayan a hacer al menos 10 viajes o se vaya compañado de más personas, ya que no son nominales.

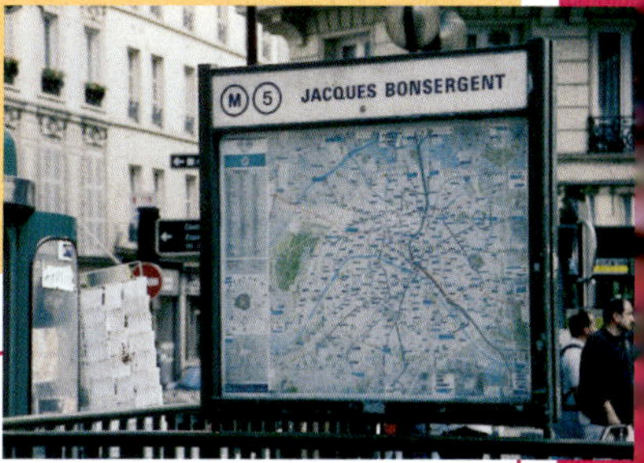

Rótulos más frecuentes

CORRESPONDANCE	**Correspondencia**
DIRECTION	**Dirección**
LIGNE	**Línea**
MÉTRO	**Metro**
PLAN	**Plano**

Vocabulario

estación
station
stasión

línea
ligne
liñ

metro métro *metró*

transbordo
changement
(de train)
chandch´mán
dë tren

¿Dónde está la estación de metro más próxima?
Où est la station de métro la plus proche?
u e la stasión de metró la plü proch´
¿Cómo puedo llegar a Chatêlet?
Comment fait-on pour aller à Chatêlet?
komán fe-t-on pur alé a chatelé
Tome la línea 4; haga transbordo en l´Étoile.
Prenez la ligne quatre et vous changez à l'Étoile.
prëné la liñ' catr´ e vu chandché a l'étual

¿Va este metro al Louvre?
Ce métro passe au Louvre?
se metró pas o luvr´

TAXI

Se suelen pedir por teléfono o se toman en las paradas situadas en la calle.

En los momentos de aglomeraciones suele haber algo de cola en estas paradas pero los taxis van llegando con bastante fluidez.

Existen suplementos por equipaje, nocturnidad o si el recorrido termina fuera del límite de la ciudad.

¿Dónde está la parada de taxis más cercana?
Où est la station de taxis la plus proche?
u e la stasión de taksí la plü proch´
Lléveme a Montmartre.
Conduisez-moi à Montmartre.
kondüisé-muá a montmartr'

Pare aquí, por favor.
Arrêtez ici, s´il vous plaît.
areté-s-isí, sil vu ple
Pare en el número 15, por favor.
Arrêtez au numéro quinze, s´il vous plaît.
areté-s-o numeró ´kens, sil vu ple
¿Cuál es el precio hasta la place Vendôme?
Quel est le prix jusqu'à la place Vendôme?
kel e lë pri dchuská la place vandóm
Tengo prisa.
Je suis pressé.
dchë süí presé

TREN

En las grandes ciudades, como París, hay varias estaciones de ferrocarril (SNCF). Conviene por ello asegurarse de qué estación corresponde al tren que se desea tomar. El ferrocarril francés es muy puntual.

En ciertas líneas circulan los trenes de gran velocidad (TGV) que alcanzan hasta 280 km/h.

Es posible aprovechar distintas tarifas reducidas y descuentos. Lo mejor es consultar en las oficinas de información de RENFE antes de salir.

Rótulos más frecuentes

ACCÈS AUX QUAIS **Acceso a los andenes**
BANLIEUE **Cercanías**
COUCHETTES **Literas**
FREIN D'URGENCE **Freno de emergencia**
INTERNATIONAL **Internacional**
TRAIN **Tren**
VOIE **Vía**
WAGON-LIT **Coche cama**
WAGON-RESTAURANT **Vagón restaurante**

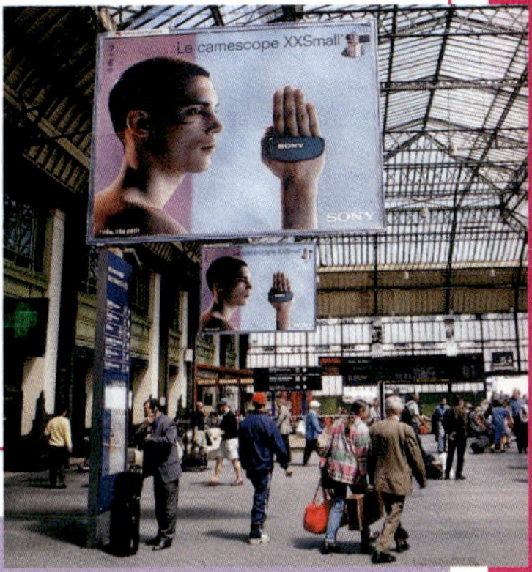

Vocabulario

coche cama
wagon-lit *vagón-lit*
— restaurante
wagon-restaurant
vagón-restorán
ferrocarril
chemin de fer
chëmén dë fer
jefe de estación
chef de gare
chef dë gar
litera
couchette
kuchét
puerta del vagón
portière du wagon
portiér dü vagón
revisor controleur
kontrolër
tren de cercanías
train de banlieue
tren de banlië
— de largo recorrido
train de grandes lignes
tren de gran líñe
— expreso
train express
tren eksprés

PARA PEDIR INFORMACIÓN

¿Dónde está la estación de tren?
Où est la gare?
u e la gar
¿Qué trenes hay a Niza?
Quels sont les trains pour Nice?
kel son le tren pur nis
¿Cuánto cuesta el billete?
Quel est le prix du billet?
kel e lë pri dü biyé
¿A qué hora llega el tren a Lyon?
À quelle heure arrive-t-il à Lyon?
a kel ër arivë-t-il a lión

¿Cuándo sale el primer tren a Lyon?
À quelle heure est le départ du premier train pour Lyon?
a del ër e lë depár dü premié tren pur lión
¿Qué clase de tren es?
C´est quelle sorte de train?
se kel sort dë tren

PARA COMPRAR EL BILLETE

Quiero un billete a París en el expreso de las ocho.
Je voudrais un billet pour Paris dans l´express de huit heures.
dchë vudré ën biyé pur paguí dan lekspré de üít ër
Quiero reservar dos billetes a París, para un adulto y un niño de 2 años.
Je voudrais réserver deux billets pour Paris un pour un adulte et un autre pour un enfant de deux ans.
dchë vudré reservé dë biyé a paguí pur ën adült e pur ën anfán de dës an
¿Hay que hacer transbordo? ¿Dónde?
Doit-on changer de train? Où?
duát-t-on chandché dë tren. u
¿Cuánto paga un niño de un año?
Combien doit-on payer pour un enfant d'un an?
konbién duá-t-on payé pur ën anfán dën an
¿Pasa este tren por Marsella?
Ce train passe par Marseille?
së tren pas par marseiy'

¿Cuándo llega el tren de Lille?
À quelle heure arrive le train de Lille?
a kel ër arív lë tren dë lil
¿De qué andén sale el tren a París?
De quel quai part le train à destination Paris?
de kel ke par le tren a destinasión paguí
¿A qué andén llega el tren?
Quel est le quai d´arrivée du train?
kel e lë ke darivé dü tren
¿Tiene literas?
Ce train a des couchettes?
së tren a de cuchét
¿Dónde está el vagón número 12?
Où est le wagon numéro douze?
u e lë vagón nümeró dus

EN EL VAGÓN

Creo que éste es mi asiento.
Je pense que c´est ma place.
dchë pans kë se ma plass

¿Me permite pasar?
Vous permettez?
vu permeté

EL AUTOMÓVIL

Rótulos más frecuentes

AIRE DE REPOS **Área de descanso**
ARRÊT **Pare**
CÉDEZ LE PASSAGE **Ceda el paso**
CHAUSSÉE RÉTRÉCIE **Estrechamiento de calzada**
CIRCULATION À SENS UNIQUE **Vía de un solo sentido**
DANGER **Peligro**
DESCENTE DANGEREUSE **Descenso peligroso**
DÉVIATION **Desvío**
INTERDICTION DE FAIRE DEMI-TOUR **Prohibido girar**
INTERDICTION DE TOURNER À DROITE/À GAUCHE **Prohibido girar a la derecha/izquierda**
INTERDIT AUX VÉHICULES DONT LE POIDS DÉPASSE... **Peso limitado**
INTERSECTION **Cruce**
PARKING **Aparcamiento**
PARKING SURVEILLÉ **Aparcamiento vigilado**
PASSAGE À NIVEAU SANS BARRIÈRE **Paso a nivel sin barreras**
PASSAGE DE BÉTAIL **Cruce de ganado**
POLICE **Policía**
PRUDENCE: RALENTIR **Prudencia: reduzca la velocidad**
ROULEZ LENTEMENT **Conduzca despacio**
SANS ISSUE (CHEMIN, RUE, VOIE) **Camino/calle sin salida**
SORTIE **Salida**
STATIONNEMENT INTERDIT **Prohibido aparcar**
STATIONNEMENT RÉGLEMENTÉ **Estacionamiento limitado**
TRAVAUX SUR LA CHAUSSÉE **Carretera en obras**
UNE SEULE VOIE **Vía de un solo carril**
VIRAGES SUR DEUX KILOMÈTRES **Curvas en 2 km**
VITESSE LIMITÉE À SOIXANTE KILOMÈTRES HEURE **Límite de velocidad 60 km/h**

EN LA ESTACIÓN DE SERVICIO

Vocabulario

aceite huile *üil*
agua destilada eau distillée *o distilé*
aire air *er*
anticongelante antigel *antidchél*
batería batterie *bat´rí*
cámara de aire chambre à air *chanbr' a er*
depósito de gasolina réservoir d´essence *reservuár desáns*
gasóleo gas-oil *gasóy*
gasolina súper essence super *esáns süpér*
— sin plomo essence sans plomb *esáns san plon*
gasolinera station service *estasión servís*
grasa graisse *gres*

Vocabulario

lata de gasolina
bidon d´essence
bidón desáns
lavar
laver
lavé
líquido de frenos
liquide pour les freins
likíd pur lë fren

neumático
pneumatique
pnëmatík
pinchazo
crevaison *krëvesón*
rueda roue *ru*
— delantera
roue avant
ru aván

— de repuesto
roue de secours
ru dë secúr
— trasera
roue arrière
ru arriér
válvula
valve
valv

¿A qué distancia está la gasolinera más próxima?
À quelle distance se trouve la station service la plus proche?
a kel distáns së truv la estasión servís la plü proch
¿En qué dirección?
Dans quelle direction?
dan kel direksión
Llénelo, por favor.
Le plein, s´il vous plaît.
lë plan, sil vu ple
Póngame 20 litros de gasolina súper.
Servez-moi vingt litres de super.
servé-muá ven litr´ de supér
¿Le importa comprobar la presión de las ruedas?
Pourriez-vous vérifier la pression des pneus?
purié vu verifié la presión de në

Compruebe también la de repuesto.
Vérifiez aussi la roue de secours, s'il vous plaît.
verifié-s-osí la ru dë secur, sil vu ple
¿Tiene agua destilada?
Vous avez de l´eau distillée?
vu-s-avé dë lo distilé
Cargue la batería, por favor.
Chargez la batterie, s´il vous plaît.
chardché la batërí, sil vu ple
Compruebe el nivel del aceite. Vérifiez le niveau d´huile.
verifié lë nivó d'üil
Rellénelo.
Remplissez-le.
ranplisé-lë
Cambie el aceite del motor.
Faites la vidange du moteur.
fet la vidándch dü motër
¿Puede arreglar este pinchazo?
Pouvez-vous réparer cette crevaison?
vu puvé reparé set krëvesón

EN EL APARCAMIENTO, EN EL GARAJE

Rótulos más frecuentes

COMPLET
Completo
ALLEZ/MONTEZ AU 4 ÉTAGE
Siga a la planta 4

¿Hay algún aparcamiento cerca?
Y a-t-il un parking près d'ici?
i a-t-il ën parkín pre disí

¿Tienen plazas libres?
Vous avez des places libres?
vu-s-avé de plas libr'
¿Cuánto cuesta por hora?
C'est combien de l'heure?
sé combián de lër
¿Puedo aparcar aquí?
Est-ce que je peux me garer ici?
es-kë dchë pë me garé isí
¿Está vigilando el aparcamiento?
Le parking est surveillé?
lë parkín e sürveiyé
¿Cuánto tiempo puedo dejar el coche?
Pendant combien de temps je peux laisser ma voiture?
pendán konbién dë tan dchë pë lesé ma vuatür

ACCIDENTES

He tenido un accidente.
J'ai eu un accident.
dche ü ën aksidán
¡Llamen una ambulancia!
Appelez une ambulance!
apelé ün anbüláns
Por favor, ayúdeme.
Aidez-moi, s'il vous plaît.
edé-muá sil vu ple
¿Puedo usar su teléfono?
Est-ce que je peux utiliser votre téléphone?
es-kë dchë pë-s-ütilisé votr' telefón

Ha habido un accidente.
Il y a eu un accident.
il i a ü ën aksidán
¿Hay algún herido?
Y a-t-il des blessés?
i a-t-il de blesé
No se mueva, esté tranquilo/a.
Ne bougez pas, restez tranquille.
në budché pa, resté trankíl
¿Necesitan ayuda?
Avez-vous besoin de secours?
ave vu bësuén dë sekur

AVERÍAS, GRÚA

Vocabulario

avería
panne *pan*
grúa
voiture dépanneuse
vuatür depanës

mecánico
dépanneur *depanër*
remolcar
remorquer
rëmorké

taller
garage/
atelier de dépannage
garádch/
atëlié dë depanádch

Mi coche está averiado.
Ma voiture est en panne.
ma vuatür e-t-an pan
¿Hay un taller cerca de aquí?
Y a-t-il un garage près d'ici?
i a-t-il ën garádch pre disí

¿Pueden enviar una grúa?
Pouvez vous envoyer une dépanneuse?
puvé-s-vu anvuayé ün depanés
¿Pueden enviar un mecánico?
Vous pouvez envoyer un dépanneur?
vu puvé-s-anvuayé ën depanër

Herramientas

alambre
fil de fer
fil dë fer
alicates pince *pens*
barra barre *bar*
cable cable *kabl'*
caja de herramientas
caisse à outils
kes a utí
cuerda corde *kord*
destornillador
tournevis
turn'vís
embudo
entonnoir
antonuár
gato cric *krik*
lámpara portátil/linterna
lampe de poche
lanp dë poch
llave de Allen
clé en croix
kle an cruá
llave de bujías
clé à bougies
kle a budchí
llave de estrella
clé à étoile
kle a etuál
llave de tubo
clé à douille
kle a duy'
llave inglesa
clé anglaise
kle anglés
martillo
marteau
martó
palanca
levier *lëvié*
tornillo vis *vis*
tuerca écrou *ekrú*

EN EL TALLER

¿Qué le ocurre al coche?
Qu'est-ce qu´elle a cette voiture?
kes-kel a set vuatür
El coche se va hacia la izquierda.
Elle se déporte à gauche.
el depórt a goch
Se calienta mucho.
Elle chauffe.
el chóf
El coche da tirones.
Elle marche par à-coups.
el march par akú
Pierde aceite.
Elle perd de l'huile.
el per dë luíl
Pierde agua.
Elle perd de l'eau.
el per dë lo
Frena mal.
Elle freine mal.
el fren mal
Está mal la suspensión.
La suspension n'est pas bonne.
la süspansión ne pa bon
Arranca mal.
La voiture démarre mal.
la vuatúr demár mal
Pierde velocidad.
Elle perd de la vitesse.
el per dë la vités
Consume demasiado.
Elle consomme trop.
el konsom tro
El motor hace ruidos extraños.
Le moteur fait des bruits étranges.
lë motér fe de brüí etrándch'
No entra la tercera marcha.
La troisième ne passe pas.
la truasiém në pas pa
Entra mal la marcha atrás.
La marche arrière ne passe pas.
la march ariér në pas pa

LAS PIEZAS DE COCHE

acelerador
accélérateur
akseleratér
aleta aile *el*
alternado
alternateur
alternatér
amortiguador
amortisseur
amortisér
árbol de levas
arbre à cames
arbr' a kam
árbol de transmisión
arbre de transmission
arbr' de transmisión
arranque
démarrage
demarádch
asiento siège *siedch*
asiento delantero
siège avant
siedch aván
asiento trasero
siège arrière
siedch ariér
baca galerie *gal'rí*
balancín
palonnier
palonié
barra de dirección
barre de direction
bar dë direksión
batería
batterie *bat'rí*
biela bielle *biel*
bloque de cilindros
bloc de cylindres
blok dë siléndr'
bocina
klaxon *klaksón*
bomba de aceite
pompe à huile
ponp a üil
bomba de agua
pompe à eau
ponp a o

bomba de aire
pompe à air
ponp a er
bomba de gasolina
pompe à essence
ponp a esáns
bombilla
ampoule
anpúl
buje
frette
fret
bujía
bougie
budchí
cable
câble
kabl'
caja de cambios
boîte de vitesses
buát dë vités
calefacción
chauffage *chofádch'*
cambio de marchas
levier de vitesses
levié dë vités
capot capot *capó*
carburación
carburation
karbürasión
carburador
carburateur
karbüratér
cardán
cardan
kardán
carrocería
carrosserie
karos'rí
cárter carter *kartér*
cerradura de la puerta
serrure de la portière
serúr dë la portiér
chasi châssis *chasí*
chispa
étincelle *etensél*

cigüeñal
vilebrequin
vil'brëkén
cilindro
cylindre
siléndr'

cinturón de seguridad
ceinture de sécurité
sentùr de secùrité
compresión
compression
konpresión
condensador
condensateur
kondansatér
contacto
contact
kontákt
correa del ventilador
courroie de ventilateur
kuruá de vantilatér
cortocircuito
court-circuit
kur-sirküí
cristal vitre *vitr'*
cuentakilómetros
compteur kilométrique
kontér kilometrík
culata
culasse
külás
delco
delco *delkó*

depósito de gasolina
réservoir d'essence
reservuár desáns
diferencial
différentiel
diferansiél
dinamo
dynamo
dinamó
dirección
direction
direksión
eje delantero
essieu avant
esië aván
eje trasero
essieu arrière
esië ariér
émbolo piston *pistón*
embrague
embrayage
anbreyádch
encendido
eclairage
eklerádch
espejo retrovisor
rétroviseur
retrovisér
estabilizador
stabilisateur
stabilisatér
faro phare *far*
faro antiniebla
phare antibrouillard
far antibruyár
filtro de aire
filtre à air
fitr' a er
freno de mano
frein à main
fren a men
freno de pie
frein au pied
fren o pie
fusible fusible *füsíbl'*
intermitente
clignotant
kliñotán

interruptor
interrupteur
enterüptér
junta
joint
dchuén
limpiaparabrisas
essuie-glace
esui-glas
llanta
jante *dchant*
llave de contacto
clé de contact
kle dë kontakt
luz corta/de cruce
feu de croisement/code
fë dë cruas'mán/kód
luz de situación
feu de position
fë dë situasión
luz larga
feu de route/phare
fë dë rut / far
marcha vitesse *vités*
marcha atrás
marche arrière
march' ariér
marcha primera
première vitesse
prëmiér vités
matrícula
plaque d'immatriculation
plak denmatrikulasión
motor
moteur
motér
muelle
ressort *rësór*
neumático
pneu *pnë*
palanca de marchas
levier de vitesse
lëvié dë vités
parabrisas
pare-brise
par'-brís

parachoques
pare-chocs
par'-chók
parasol
pare-soleil
par'-soléy
pedal del acelerador
pédale de l'accélérateur
pedál dél' akseleratér
pedal del freno
pédale frein
pedál fren
piloto (luces)
feu arrière
fë arriér
pintura
peinture
pentúr
pistón piston *pistón*
puerta
portière *portiér*
punto muerto
point mort
puén mor
radiador
radiateur *radiatér*
ralentí ralenti *ralantí*
rueda roue *ru*
rueda de repuesto
roue de secours
ru dë sekúr
segmento
segment
segmán
silencioso
silencieux/pot d'échappement
silansié/po dechap'man
suspensión
suspension
süspansión
transmisión
transmission
transmisión
zapata
mâchoire
machuár

Los trabajos del mecánico

Vocabulario

aflojar
desserrer *deseré*
apretar serrer *seré*
cambiar el aceite
faire la vidange
fer la vidándch
desmontar
démonter
demonté
limpiar
nettoyer
netuayé
montar
monter
monté

puesta a punto
mise au point
mis a puén
purgar
purger *purdché*

regular régler *reglé*
reparar
réparer *reparé*
revisar réviser *rëvisé*
soldar souder *sudé*

Reparaciones del coche

Antes de aceptar un presupuesto es conveniente saber qué le ocurre al automóvil e igualmente hay que saber qué se paga al abonar la factura. A continuación se ofrecen las reparaciones más frecuentes clasificadas en seis grupos. Se han colocado en primer lugar las frases en francés, ordenadas alfabéticamente, para facilitar al mecánico su localización. Para utilizar con provecho este apartado pida al mecánico que le señale la frase adecuada, diciéndole:

¿Puede señalarme en este libro la reparación prevista/realizada?

Voulez-vous me montrer dans ce livre la réparation prévue/realisée?

Carburation, refroidissement et échappement
Carburación, refrigeración y escape

Changer la courroie du ventilateur	**Cambiar la correa del ventilador**
— la pompe à essence	**— la bomba de la gasolina**
— le silencieux/le pot d'échappement silencieux	**— el silencioso**
— le tuyau de l'essence	**— el tubo de la gasolina**
— la pompe à eau	**— la bomba del agua**
Nettoyer le carburateur	**Limpiar el carburador**
— l'e filtre à air	**— el filtro del aire**
— le filtre à essence	**— el filtro de la gasolina**
— le pot d'échappement	**— el tubo de escape**
Purger le circuit de refroidissement	**Purgar el circuito de refrigeración**
Régler le ralenti	**Regular el ralentí**
Réparer la pompe à essence	**Reparar la bomba de gasolina**
Tendre la courroie du ventilateur	**Tensar la correa del ventilador**

Motor Motor

Changer le joint de culasse	**Cambiar la junta de culata**
Changer/Réparer l'arbre à cames	**Cambiar/Reparar el árbol de levas**
— le cylindres bloc	**— el bloque de cilindros**
— le carter	**— el cárter**
— les coussinets de bielle	**— los cojinetes de biela**
— la culasse	**— la culata**
— les culbuteurs	**— los balancines**
— le piston	**— el pistón**
— les segments	**— los segmentos**
— le vilebrequin	**— el cigüeñal**
— les vis platinées	**— los platinos**
Nettoyer/Changer les bougies	**Limpiar/Cambiar las bujías**
— les soupapes	**— las válvulas**
Réparer le cylindre	**Reparar el cilindro**
— le changer dímarreur	**— el motor de arranque**

Electricité Electricidad

Changer un câble	**Cambiar un cable**
— le condensateur	**— el condensador**
— un fusible	**— un fusible**
— une lampe	**— una lámpara**
Charger/Changer la batterie	**Cargar/Cambiar la batería**
Réparer le delco	**Reparar el delco**
— l'indicateur d'essence	**— el indicador de gasolina**
— le moteur de l'essuie-glace	**— el motor del limpiaparabrisas**
Réparer/Changer le dynamo	**Reparar/Cambiar la dinamo**
Reviser les raccordements de câbles	**Revisar las conexiones de cables**

Embrayage, transmission et direction Embrague, transmisión y dirección

Changer l'antivol	**Cambiar el antirrobo**
— le câble de l'embrayage	**— el cable del embrague**
Détendre/Serrer la pédale de l'embrayage	**Aflojar/Apretar el pedal del embrague**
Equilibrer les roues	**Equilibrar las ruedas**
Changer la cartouche d'huile	**Cambiar el aceite del diferencial**
Régler la colonne de direction	**Centrar la barra de la dirección**
Réparer le différentiel	**Reparar el diferencial**
Réparer le disque d'embrayage	**Reparar el disco del embrague**
Serrer/ Détendre le volant	**Apretar/Aflojar el volante**

Freins et suspension
Frenos y suspensión

Changer le sabot du frein
— le câble du frein à main
Ajouter du liquide de frein
Détendre/Serrer la pédale de frein
Purger les freins
Réparer le tambour de frein
— les amortisseurs

Cambiar la zapata del freno
— el cable del freno de mano.
Añadir líquido de freno
Aflojar/Apretar el pedal del freno
Purgar los frenos
Reparar el tambor del freno
— los amortiguadores

Carrosseries Carrocería

Changer/Réparer l'aile
— le capot
— le pare-brise
— le pare-chocs

Cambiar/Reparar la aleta
— el capot
— el parabrisas
— el parachoques

El presupuesto y el plazo de la reparación

¿Cuánto me costará la reparación?
Combien coûtera la réparation?
kombién cutevá la reparasión
Está bien. Arreglen el coche lo más rápidamente posible.
C´est bon. Réparez la voiture le plus tôt possible.
se bon. reparé la vuatúr lë plü to posibl'
¿Cuánto tiempo tardarán Uds.?
Combien de temps mettrez-vous?
konbién dë tan metré vu
Estará listo en dos horas.
Ça sera prêt dans deux heures.
sa será pre dan dë-s-ër

Aquí tiene mi póliza de seguro.
Voilà mon assurance.
vualá mon asuráns
¿Puedo dejar el coche aquí unas horas?
Je peux laisser ici la voiture pendant quelques heures?
dchë pë lesé isí la vuatúr pandán kelk-s-ër

La factura

¿Han arreglado ya el coche?
La voiture est prête?
la vuatúr e prét
¿Cuánto es, por favor?
Ça fait combien, s'il vous plaît?
sa fe konbién sil vu ple

¿Puedo pagarle con tarjeta de crédito o cheque de viaje?
Je peux vous payer avec ma carte ou un traveller´s cheque?
dchë pë vu payé avék ma kart u ën travelér chek

SALUD Y ASISTENCIA SANITARIA

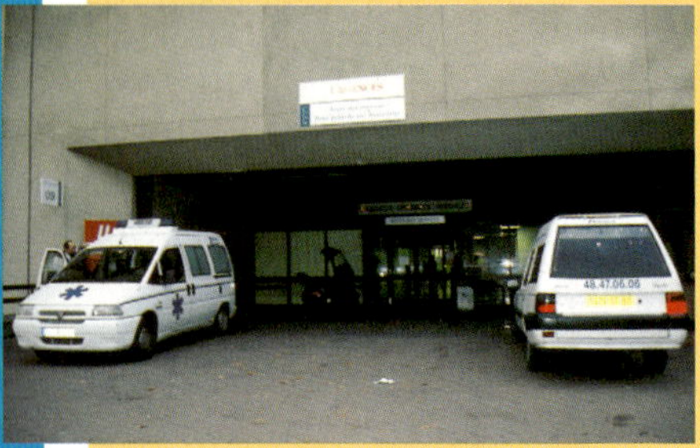

Debido a la existencia de acuerdos mutuos entre España y Francia para la obtención de asistencia médica gratuita se puede hacer uso de estos servicios aunque se trate de una estancia breve y transitoria. Para casos especiales debe consultarse con cualquier oficina del INSALUD.

ME ENCUENTRO MAL

¡Llamen urgentemente a un médico!
Appelez tout de suite un médecin!
ap'lé tu dë süít ën med'sén
¿Pueden avisar a un médico?
Pouvez-vous appeler un médecin?
puvé vus-apelé ën med'sén
¿Dónde hay un hospital?
Où est l'hôpital?
u e lopital

¿Podría venir a la rue Gambetta?
Pourriez-vous venir rue Gambetta?
pourriez vous venír rü gambetá
¿Dónde queda la consulta del Dr. Dorange?
Où est le cabinet du docteur Dorange?
u e lë kabiné dü doctër doranch'
¿A qué hora pasa consulta?
Quelle est l´heure de la visite?
kel e lër de la visít

PARTES Y FUNCIONES DEL CUERPO

Vocabulario

abdomen
abdomen
abdomén
anginas
angines
andchín
ano anus *anús*
antebrazo
avant-bras
aván-brá
apéndice
appendice
apendís
arteria
artère
artér
articulación
articulation
artikülasión
axila aisselle *esél*
barbilla
menton *mantón*
bazo rate *rat*
boca
bouche *buch*
brazo bras *bra*
cabeza tête *tet*
cadera hanche *anch*
cara visage *visádch*
ceja sourcil *sursí*
cerebro
cerveau *servó*
circulación
circulation
sirkülasión
clavícula
clavicule
klavikúl
clítoris clitoris *klitorí*
codo coude *kud*
columna vertebral
colonne vertébrale
kolón vertebrál
corazón
coeur
kër
costilla côte *kot*
coxis coccyx *koksís*

cráneo crâne *kran*
cuello cou *ku*
cuerpo corps *cor*
dedo de la mano doigt de la main *duá dë la men*
dedo del pie orteil/doigt de pied *ortey/duá de pie*
diafragma diaphragme *diafrágm*
diente dent *dan*
digestión digestion *didchestión*
embarazo grossesse *grosés*
empeine cou-de-pied *ku-dë-pié*
espalda dos *do*
estómago estomac *estomá*
falange phalange *falándch*
frente front *fron*
garganta gorge *gordch*
glándula glande *gland*
hacer de vientre aller à la selle/deféquer *alé a la sel/defeké*
heces fecés *fesé*
hígado foie *fuá*
hueso os *(plural: o)* *os*
intestino intestin *entestén*
labio lèvre *levr'*
labio (órgano genital femenino) lèvre (fem.) *levr'*
lengua langue *lang*
mandíbula inferior mandibule/mâchoire inférieure *mandibúl/machuár enfe-riër*
mano main *men*
mejilla joue *dchu*
menstruación menstruation *manstruasión*
muñeca poignet *puañé*
músculo muscle *müskl'*
muslo cuisse *küís*
nalgas fesses *fes*
nariz nez *ne*
nervio nerf *ner*
nuca nuque *nük*
oído ouïe *uí*
ojo oeil (plural: yeux) *ey/yë*
oreja oreille *orey*
organos genitales organes génitaux *orgán dchenitó*
orina urine *ürín*
orinar uriner *üriné*
ovario ovaire *ovér*
paladar palais *palé*
palma de la mano paume *pom*
pantorrilla mollet *molé*
párpado paupière *popiér*
pecho poitrine *puatrín*
pecho (mama) sein/poitrine *sen/puatrín*
pelo cheveu *chëvë*
pelvis pelvis *pelvís*
pene pénis *penís*
pezón mamelon *mam'lon*
pie pied *pié*
piel peau *po*
pierna jambe *dchanb'*
planta del pie plante du pied *plant dü pié*
pubis pubis *pubís*
pulmón poumon *pumón*
respiración respiration *respirasión*
riñón rein *ren*
rodilla genou *dchënú*
rótula rotule *rotül*
sangre sang *san*
sudar suer *süé*
talón talon *talón*
tendón tendon *tandón*
testículo testicule *testikül*
tímpano tympan *tenpán*
tobillo cheville *chëvíy*
uña ongle *ongl'*
útero utérus *üterús*
vagina vagin *vagen*
vejiga vessie *vesí*
vértebra cervical vertèbre cervicale *vertébr' servikál*
vértebra dorsal vertebre dorsale *vertébr' dorsál*

ENFERMEDADES, SÍNTOMAS Y FRACTURAS

alergia allergie *alerdchí*
amigdalitis amygdalite *amigdalít*
anemia anémie *anemí*
apendicitis appendicite *apendisít*
artritis arthrite *artrít*
asma asthme *asm'*
ataque cardíaco crise cardiaque *kris kardiák*
bronquitis bronchite *bronchít*
calambres crampes *kranp*
cálculo calcul *kalkúl*
cáncer cancer *kansér*
catarro rhume *rum*
ciática sciatique *siatík*
cólico colique *kolík*
colitis colite *kolít*
conjuntivitis conjonctivite *konjonktivít*
conmoción cerebral commotion cérébrale *konmosión cerebrál*
derrame cerebral épanchement cérébral *epanch'man serebrál*
desmayo evanouissement *evanuis'mán*
diabetes diabète *diabét*
diarrea diarrhée *diaré*
difteria diphtérie *difterí*
disentería dysenterie *disant'rí*

dolor douleur *dulër*
dolor de cabeza mal à la tête *mal a la tet*
dolor de garganta mal à la gorge *mal a la gordch'*
embolia embolie *anbolí*
enfermedad contagiosa maladie contagieuse *maladí kontadchiës*
enfermedad de la piel maladie de la peau *maladí dë la po*
enfermedad venérea maladie vénérienne *maladí venerién*
epilepsia epilepsie *epilepsí*
erupciones cutáneas eruptions cutanées *erupsión kütané*
escalofríos frissons *frisón*
estreñimiento constipation *konstipasión*
fiebre fièvre *fievr'*
flemón phlegmon *flegmón*
fractura fracture *fraktür*
forúnculo furoncle *fürónkl'*
gripe grippe *grip*
hemorragia hémorragie *emoradchí*
hepatitis hépatite *epatít*

herida blessure *blesür*
hernia hernie *erní*
hinchazón gonflement *gonfleman*
indigestión indigestion *endidchestión*
infección infection *enfeksión*
insolación insolation/coup de soleil *ensolasión/ku de soléy*
insomnio insomnie *ensomní*
intoxicación intoxication *entoksikasión*
jaqueca migraine *migrén*
lumbago lumbago *lunbagó*
luxación luxation *luksasión*
mareo mal au coeur *mal o kër*
náuseas nausées *nosé*
neumonía pneumonie *pnëmoní*
parálisis paralysie *paralisí*
piedras en el riñón calculs rénaux *kalkül renó*
pulmonía pneumonie *pnëmoní*
presión sanguínea pression sanguine *presión sanguín*

Vocabulario

quemadura
brûlure *brülür*
resfriado
rhume/refroidissement
rüm/rëfruadis' mán
reúma
rhumatisme
rümatism
ronquera
enrouement
anrumán
rubéola
rubéole *rübeól*
sarampión
rougeole
rudchól
sida sida *sidá*
sífilis syphilis *sifilís*
supuración
suppuration
süpürasión
tétanos
tétanos *tetanós*
tifus typhus *tifüs*
torcedura
entorse *antórs*
tortícolis
torticolis *torticolí*
tos toux *tu*
tosferina
coqueluche
kokëlüch
tuberculosis
tuberculose *tüberkülós*
tumor tumeur *tümër*
úlcera de estómago
ulcère (masc.) à l'estomac
ülsér a lestomá
urticaria
urticaire *urtikér*
varicela
varicelle *varisél*
variz varice *varís*
viruela variole *varіól*
vómitos
vomissements
vomis'mán

EN LA CONSULTA DEL MÉDICO

¿Qué me ocurre?

Me duele la cabeza.
J'ai mal à la tête.
dche mal a la tet
Me duele aquí.
J'ai mal ici.
dche mal isí
Me siento mal.
Je me sens mal.
dchë më san mal

Creo que me he roto una mano.
Je crois que je me suis cassé la main.
dchë kruá kë dche me suis kasé la men
Soy alérgico/a.
Je suis allergique.
dchë süí-s-alergík

Soy diabético/a.
Je suis diabétique.
dchë süí diabetík
Estoy embarazada.
Je suis enceinte.
dchë süí-s-ansént'
Siento náuseas.
J'ai des nausées.
dche de nosé

Preguntas e indicaciones del médico

¿Qué le pasa?
Qu'avez-vous? *kavé vu*
¿Dónde le duele?
Où est-ce que vous avez mal?
u es-kë vu-s-avé mal
¿Desde cuándo le duele?
Depuis quand ça vous fait mal?
dëpüí kan sa vu fe mal
Voy a hacerle un reconocimiento.
Je vais vous ausculter.
dchë ve vu-s-oscülté
Desvístase, por favor.
Déshabillez-vous, s'il vous plaît.
desabiyé vu sil vu ple
Enséñeme la herida.
Montrez-moi la blessure.
montré-muá la blesür

Respire hondo. Expire.
Respirez profondément. Expirez.
respiré profondemán; ekspiré
Tosa. Saque la lengua.
Toussez. Montrez votre langue.
tusé; montré votr' lang

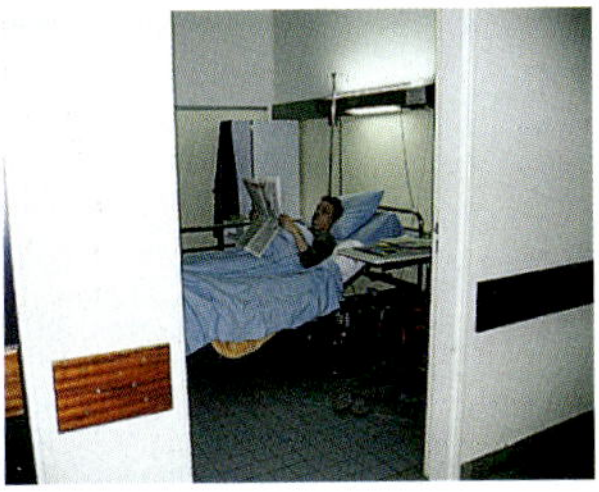

El diagnóstico

No es nada grave.
Ce n'est pas grave.
së ne pa grav
Tiene Ud. una infección.
Vous avez une infection.
vu-s-avé ün enfeksión
Ha tenido un amago de infarto.
Vous avez eu un début d´infartus.
vu-s-avé ü ën début d´enfartüs

Está Ud. muy bien.
Vous allez très bien.
vu-s-alé tre bién
Tiene Ud. una distensión muscular.
Vous avez un claquage musculaire.
vu-s-avé ën klakádch müskülér
Sufre un choque nervioso.
Vous souffrez un choc nerveux.
vu sufré ën chok nervë

El tratamiento

Tiene que guardar cama durante dos días.
Vous devez rester au lit pendant deux jours.
vu dëvé resté o li pandán deux dchur
No debe fumar.
Vous ne devez pas fumer.
vu në devé pa fumé

No conviene que salga de viaje.
Il n'est pas recommandé que vous partiez en voyage.
il ne pa rekomandé kë vu partié-s-an vuayádch
Voy a ponerle un calmante.
Je vais vous administrer un calmant.
dchë ve vu-s-administré ën kalmán

EN EL DENTISTA

Tengo un flemón.
J'ai un abscès.
dchë ën absé
Tengo una muela picada.
J'ai une carie.
dchë ün carí

Se me ha roto una muela.
Je me suis cassé une dent.
dchë me suí casé ün dan
Se me ha caído un empaste.
Je perdu un plombage.
dchë perdü an plombach´

Vocabulario

anestesia
anesthésie
anestesí
caries carie *karí*
colmillo
canine
kanín
dentadura
dentition
dantisión
dentadura postiza
dentier/fausses dents
dantié/fos dan
dentista
dentiste
dantíst
diente
dent (fem.)
dan
dolor de muelas
mal aux dents
mal o dan
empastar
plomber
plombé
encía
gencive
dchansív
flemón abcès *absé*
muela del juicio
dent de sagesse
dan dë sadchés
nervio nerf *ner*
prótesis
prothèse
protés
puente
bridge
briddch'
raíz
racine
rasín
sacar/extraer
extraire
ekstrér
sarro
tartre
tartr'

EN LA FARMACIA

¿Hay alguna farmacia de guardia cercana?
Y a-t-il une pharmacie de garde près d'ici?
i a-t-il ün farmasí dë gard pre disí

¿Puede darme algo para el mareo? (en un barco)
Pourriez-vous me donner quelque chose pour le mal de mer?
purié vu më doné kelk chos pur le mal de mer

¿Puede darme este medicamento?
Pouvez-vous me donner ce médicament?
puvé vu më doné së medikamán

¿Necesito receta para este medicamento?
J'ai besoin d'une ordonnance pour ce médicament?
dche bësuán dün ordonáns pur së medikamán

Vocabulario

agua oxigenada
eau oxygénée
o oksidchené
alcohol
alcool *alkól*
algodón
coton *kotón*
analgésico
analgésique
analdchesík
antipirético
antipyrétique
antipiretík
aspirina
aspirine *aspirín*
bicarbonato
bicarbonate
bikarbonát
botiquín (estuche)
trousse à pharmacie
trus a farmasí
callicida
coricide *korisíd*
compresas
compresses *konprés*
coagulante
coagulant *koagulán*
dentífrico
dentifrice
dantifrí
desinfectante
désinfectant
desenfektán
esparadrapo
sparadrap *sparadrap*
gasas gazes *gas*
glucosa
glucose *glükós*
gotas para los oídos
gouttes pour les oreilles
gut pur le-s-oréy
gotas para los ojos
gouttes pour les yeux
gut pur le-s-yë
inyección
piqûre *pikür*
insulina
insuline *ensülín*
jarabe sirop *siró*
jeringuilla
seringue *seréng*
lavativa
lavement *lav'mán*
laxante
laxatif *laksatíf*
linimento
liniment *linimán*
loción contra insectos
lotion contre les piqûres d'insectes
losión kontr' lë pikür d' ensékt'
pastillas
cachets/comprimé
kaché/comprimé
pomada para cortes
pommade pour cicatriser
pomád pur sicatrisé
pomada para quemaduras
pommade pour brûlures
pomád pur brülür
preservativo
préservatif *preservatíf*
receta
ordonnace *ordonáns*
sedante
calmant/sédatif
kalmán/sedatíf
somnífero
omnifère *somnifér*
suero fisiológico
sérum physiologique
seróm fisiolodchík
supositorio
suppositoire *süposituár*
tampones
tampons *tanpón*
termómetro
thermomètre
termométr'
vaselina
vaseline *vas'lín*
vendas
bandages *bandádch'*
vitaminas
vitamines *vitamín*

COMPRAS

En las ciudades más importantes suele haber sucursales de los mundialmente famosos grandes almacenes de París. También existen tiendas especializadas para turistas donde se venden artículos libres de impuestos, generalmente perfumes, cosméticos, ropa, bisutería, etc. Para la obtención de estos descuentos hay que demostrar que no se es residente en el país. Entre los artículos que los visitantes suelen comprar en Francia destacan: porcelanas (Limoges, Sèvres), antigüedades, tejidos, confección, alta costura, obras de arte, perfumería, cosmética, pieles sintéticas, bisutería, joyería, "souvenirs", quesos, patés, charcutería, etc.

Para buscar una tienda

¿Hay por aquí una tienda de antigüedades?
Y a-t-il par ici un magasin d´antiquités?
i a-t-il par isí ën magasén d'antikité

¿Hay por aquí una librería?
Y a-t-il par ici une librairie?
i a-t-il par isí ün libr'rí

¿Puede recomendarme una buena joyería?
Pouvez-vous me conseiller une bonne bijouterie?
puvé vu më konseyé ün bon bidchut'rí

¿Dónde está la zona comercial?
Où se trouve le quartier commerçant?
u së truv le kartié commersant

Tipos de establecimientos

Vocabulario

bazar bazar *basár*
bodega cave *kav*
boutique
boutique *butík*
camisería
chemiserie
chëmis'rí
carnicería
boucherie
buch'rí
charcutería
charcuterie
charküt'rí
comercio
commerce *komérs*

confecciones
magasin de confection
magasén de konfeksión
confitería
confiserie
konfis'rí
droguería
droguerie
drog'rí
estanco
bureau de tabac
buró dë tabá
farmacia
pharmacie
farmasí

ferretería
quincaillerie
kinkay'rí
floristería
fleurs/fleuriste/
marchand de fleurs
flër/flërist/
marchán de flër
frutería
marchard de fruits et légumes
marchán de fruí e legüm
grandes almacenes
grands magasins
gran magasén

Vocabulario

joyería
bijouterie/joaillerie
bidchut'rí/dchoay'rí
juguetería
magasin de jouets
magasén dë dchué
lavandería
blanchisserie
blanchis'rí
lechería
laiterie/crémerie
let'rí/krem'rí
lencería
lingerie
lendch'rí
librería librairie *libr'rí*
mercadillo
marché des
quatre saisons
marché de katr' sesón
mercado
marché/halle
marché/al
mercería
mercerie
mers'rí
óptica
opticien
optisién
panadería
boulangerie
bulandch'rí
papelería
papeterie
papët'rí
pastelería
pâtisserie
patis'rí
peletería
magasin de fourrures
magasén dë furür
peluquería
salon de coiffure
salón de kuafür
perfumería
parfumerie
parfüm'rí
pescadería
poissonnerie
puason'rí

quiosco de prensa
kiosque à journaux
kiosk a dchurnó
relojería
horlogerie *orlodch'rí*
sastrería
boutique de tailleur
butík dë tayër
sombrerería
chapellerie/
magasin de chapeaux
chapel'rí/magasén dë chapó
supermercado
supermarché
süpermarché
tienda
magasin *magasén*
— de alimentación
— d'alimentation/
épicerie
dalimentasión/epis'rí
— de antigüedades
— d'antiquités
dantikité
— de artesanía
— de produits
artisanaux
dë prodüit artisanó
— de artículos de regalo
boutique de
cadeaux
butík dë kadó
— de cerámica
— de céramique
dë seramík
— de deportes
— de sports/sports
dë spor/spor

— de electricidad
— d'électricité
delektrisité
— de electrodo-mésticos
— d'appareils
électroménagers
daparéy
elektromenadché
— de fotografía
— de photographie
dë fotografí
— de lámparas
— de lampes
dë lanp
— de muebles
— de meubles
dë mëbl'
— de objetos de arte
— d'objets d'art
dobdché dar
— de recuerdos
— de souvenirs
dë suv'nír
— de regalos
boutique de cadeaux
butík dë kadó
— de vinos
— de vins/cave
dë ven/kav
tintorería
teinturerie
tentür'rí
verdulería
boutique de légumes
butík dë legüm
zapatería
cordonnerie
kordon'rí

Al llegar a la tienda

Buenos días, ¿qué desea?
Bonjour, que désirez-vous?
bondchúr kë desiré vu
¿Tienen Uds. leche?
Avez-vous du lait?
avé vu dü lé
Lo siento, no tenemos.
Je regrette, nous n'en avons pas.
dchë rëgrét, nu nan-avón pa
Quiero un reloj.
Je veux une montre.
dche vë-s-ün montr'
¿Dónde están los quesos?
Où sont les fromages?
u son le fromádch'

¿Dónde está la sección de ropa?
Où est le rayon vêtements?
u e lë reyón vet'mán
Quiero una camisa.
Je désire une chemise.
dchë desír ün chëmís
Quiero un kilo de manzanas.
Je désire un kilo de pommes.
dchë desír ën kiló de pom
Por favor, póngame algo más.
S'il vous plaît, un peu plus.
sil vu ple, ën pë plü
Son demasiados.
Il y en a trop.
il i an-a tro

Rótulos más frecuentes

CAISSE	**Caja**	RABAIS/SOLDES	**Rebajas**
CAISSE CENTRALE	**Caja central**	SALONS D'ESSAYAGE	**Probadores**
ETAGE	**Piso/planta**		
LIQUIDATION	**Liquidación**		
PRIX	**Precio**		

Vocabulario

bolsa de papel
poche/sac (de papier)
poch/sak dë papié
bolsa de plástico
Poche/sac de plastique
poch/sak dë plastík
botella
bouteille *butéy*
caja boîte *buát*
frasco flacon *flakón*
gramo
gramme *gram*
kilo kilo *kiló*

lata
boîte de conserve
buát de konsér
litro litre *litr'*
loncha
tranche *tranch'*
metro mètre *metr'*
paquete
paquet *paké*
media docena
demi-douzaine
dëmi dusén

un par
une paire *ün per*
unos pocos
quelques/uns/unes
kelke/ën/ün
porción
morceau *morsó*
puñado
poignée *puañé*
rebanada
tranche *tranch'*
rollo rouleau *ruló*
tubo tuyau *tüiyó*

Para elegir

Enséñeme aquel de allí.
Montrez-moi celui qui est là.
montré muá sëlüí ki e la
Enséñeme ése de la estantería.
Montrez-moi celui-là de l'étagère.
montré muá sëlüí-là dë letadchér

Deme el del escaparate.
Donnez-moi celui de l'étalage.
doné muá sëlüí dë letaládch'
Es demasiado caro.
C'est trop cher.
se trop cher

No, prefiero aquél.
Non, je préfère celui-là.
non, dchë prefér sëlüilá
Es demasiado estrecho.
C'est trop serré.
se trop serré
¿No tiene algo en otro color?
N'avez-vous pas quelque chose dans une autre couleur?
navé vu pa kelk chos dan-s-ün otr' kulér
Es demasiado oscuro.
C'est trop foncé.
se trop fonsé
Es suficiente.
C'est suffisant.
se süfisán

Quiero una camisa de buena calidad.
Je voudrais une chemise de bonne qualité.
dchë voudrais ün chemís-dë bon kalité
¿Tiene garantía?
C´est garanti? *se garantí*
Está demasiado verde/maduro.
C'est trop vert/mûr.
se tro ver/tro mür
Está bien así.
C'est bien comme ça.
se bién kom sa
Me gusta, me lo llevo.
Ça me plaît, je l'emporte.
sa më ple, dchë lanport'

Vocabulario

ajustado
cintré
santré
amplio ample *anpl'*
ancho large *lardch'*
barato
bon marché
bon marché
bonito joli *dcholí*
bueno bon *bon*
calidad qualité *kalité*
caro cher *cher*
claro clair *kler*
corto court *kur*
delgado mince *mens*

estrecho
étroit *etruá*
feo vilain/laid *vilén/le*
fresco frais *fre*
grande grand *gran*
gordo gros *gro*
largo long *lon*
ligero léger *ledché*
maduro
mûr *mür*
malo
mauvais *mové*
material
matériel
materiél

oscuro
obscur
obskür
pasado passé *pasé*
pequeño
petit *pëtí*
pesado lourd *lur*
verde vert *ver*

El precio

¿A cómo está el kilo de manzanas?
C´est combien le kilo de pommes?
c´est konbién lë kiló dë pom

¿Cuánto vale ese libro?
Combien coûte ce livre?
konbién kút së livr'

Cuesta cien francos.
Cent francs. *san fran*
Cuesta 23 euros.
Vingt-trois euros.
vantruá ëgó

Pedidos a domicilio

¿Sirven Uds. pedidos a domicilio? Vous livrez à domicile?
vu livrez a domisíl
¿Pueden enviarlo a esta dirección?
Vous pouvez l'envoyer à cette adresse?
vu puvé lanvuayé a set adrés

¿Tengo que dejar una señal?
Est-ce que je dois laisser des arrhes?
es-kë dchë duá lesé des ar
¿Es suficiente con esto?
Ça suffit?
sa sufí

A la hora de pagar

¿Aceptan tarjetas de crédito?
Vous acceptez les cartes de crédit?
vu asepté le kart dë kredí
No señor. Sólo aceptamos dinero efectivo.
Non monsieur. Seulement du liquide.
no mësië. sël'mán dë likíd
¿Dónde pago?
Où est-ce que je paie?
u es-kë dchë pe
¿Dónde está la caja?
Où est la caisse?
u e la kes
Pase Ud. por caja.
Payez à la caisse.
peyé a la kes
¿Puede darme un recibo?
Vous pouvez me donner un reçu?
vu puvé më doné ën rësü
Creo que hay un error en la cuenta.
Il me semble qu'il y a une erreur sur cette note.
il më sanbl' kil i a ün erër dans set not

ALIMENTACIÓN

aceite huile *üíl*
aceitunas olives *olív*
ajo ail *ay*
agua eau *o*
anchoas anchois *anchuá*
arroz riz *ri*
azúcar sucre *sükr'*
bebidas con/sin alcohol boissons alcoolisées/sans alcool *buasón alkolisé/san-s-alkól*
berberechos coques *kok*
bonito bonite *boní*
café café *kafé*
caramelos bonbons *bonbón*
carne viande *viánd*
cebollas oignons *oñón*
cerezas cerises *sërís*
champiñón champignon *chanpiñón*
chocolate chocolat *chokolá*
ciruelas prunes *prün*
coliflor chou-fleur *chu flër*
congelados congelés/surgelés *kondchëlé/surdchëlé*
conservas conserves *konsérv'*
embutido charcuterie *charküt'rí*
espaguetis spaghetti *spaguetí*
espárragos asperges *aspérdch'*
fiambres assiette anglaise *asiét anglés*
fresas fraises *fres*
fruta fruit *früí*
galletas petits gâteaux secs *pëtí gató sec*
gambas crevettes *krëvét*
guisantes petits pois *pëtí puá*
huevos oeufs *ë*
jamón de York jambon blanc *dchanbón blan*
jamón serrano jambon de montagne/cru/sec *dchanbón de montáñ/krü/sec*
judías haricots *arikó*

Vocabulario

leche lait *le*
lechuga laitue *letú*
legumbres légumes (masc.) secs *legúm sec*
limones citrons *sitrón*
macarrones macaroni *makaroní*
mandarina mandarine *mandarín*
manzanas pommes *pom*
mariscos fruits de mer *früí dë mer*
mayonesa mayonnaise *mayonés*
melón melon *mëlón*
melocotón pêche *pech*
mermelada confiture *confitür*
naranjas oranges *orándch'*
pan pain *pen*
patatas pommes de terre *pom dë ter*
patatas fritas pommes frites *pom frit*
paté pâté *paté*
pepinillos cornichons *kornichón*
pepino concombre *konkónbr'*
peras poires *puár*
pescado poisson *puasón*
piña ananas *ananá*
pimiento verde poivron vert *puavrón ver*
plátano banane *banán*
pollo poulet *pulé*
pomelo pamplemousse *panpl'mús*
puré puré *puré*
queso fromage *fromádch'*
sal sel *sel*
salsa sauce *sos*
salchichas saucisses *sosís*
salchichón saucisson *sosisón*
sandía pastèque *pasték*
sardinas sardines *sardín*
sopa soupe *sup*
té thé *te*
tomates tomates *tomát*
uvas raisin *resén*
verduras légumes verts *legúm ver*
vinagre vinagre *vinégr'*
yogur yaourt *yaúrt*
zanahoria carotte *karót*

ESTANCO

Deme un paquete de Gitanes.
Un paquet de Gitanes, s'il vous plaît.
ën paké dë gitanes, sil vu ple
¿Tiene Ud. tabaco rubio?
Avez-vous des blondes?
avé vu de blon
Una caja de cerillas, por favor.
Une boîte d'allumettes, s'il vous plaît.
ün buát dalumét, sil vu ple
¿Me da fuego, por favor?
Vous auriez du feu, s'il vous plaît?
vous orié dü fë, sil vu ple
Deme tabaco de pipa.
Du tabac à pipe, s'il vous plaît.
dü tabá a pip, sil vu ple
¿Cargan Uds. mecheros?
Vous chargez des briquets?
vu chardché de briké

Vocabulario

bajo en nicotina
light
lait

boquilla
porte-cigarrettes/filtre
port-sigarét/filtr'

cartón
cartouche
kartúch

cerillas
allumettes
alümét

cigarrillo
cigarette
sigarét

cigarrillo con filtro
cigarette filtre
sigarét filtr'

cigarrillo mentolado
cigarette mentholée
sigarét mantolé

cigarrillo sin filtro
cigarette sans filtre
sigarét san filtr'

encendedor
briquet
briké

fuerte fort *for*

gas gaz *gas*

gasolina
essence *esáns*

marca de cigarrillos/de tabaco
marque de cigarettes/de tabac
mark dë sigarét/dë tabá

papel de liar
papier à cigarettes
papié a sigarét

paquete
paquet
paké

piedra de mechero
pierre à briquet
piér a briké

pipa pipe *pip*

pitillera
etui à cigarettes
etüí a sigarét

puro cigare *sigár*

suave doux *du*

tabaco de liar
tabac à rouler
tabá-k-a rulé

tabaco de pipa
tabac à pipe
tabák a pip

tabaco negro
tabac brun
tabá brën

tabaco rubio
tabac blond
tabá blon

FERRETERÍA

¿Puede Vd. hacerme una copia de esta llave?
Pouvez-vous me faire une copie de cette clé?
puvé vu më fer ün kopí dë set kle

Durante los viajes, una gran parte de los artículos que se compran en las ferreterías suele estar relacionada con el automóvil. Si es ese el caso, consúltese la sección de herramientas en el apartado dedicado al automóvil (pág. 59).

Vocabulario

cazuela
casserole
kas'ról

cerradura
serrure
serür

cubiertos
couverts
kuvér

fiambrera
gamelle/taperware/gardemanger
gamél/taperuér/gardmandché

llave clé *kle*

parrilla gril *gri*

puntas
clous/pointes
klu/puánt

sartén poêle *poél*

FLORISTERÍA

Quiero una docena de claveles.
Je désire une douzaine d'oeillets.
dchë desír ün dusén dëyé
Envíela a esta dirección, por favor.
Envoyez-les à cette adresse, s'il vous plaît.
anvuayé le a set adrés, sil vu ple

anémonas anémones *anemón*
claveles oeillets *ëyé*
clavelinas petits oeillets *pëti-s-ëyé*
crisantemos chrysanthèmes *krisantém*
flores fleurs *flër*
gladiolos glaieuls *glaiyël*
hortensias hortensias *ortansiá*
jacintos jacinthes *dchasínt*
lilas lilas *lilá*
margaritas marguerites *margërít*
narcisos narcisses *narsís*
nardos nards *nar*
orquídeas orchidées *orkidé*
ramo de flores bouquet de fleurs *buké dë flër*
rosas roses *ros*
tiesto pot (de fleurs) *po (dë flër)*
tulipanes tulipes *tulíp*
violetas violettes *violét*

FOTOGRAFÍA

Cámara y accesorios

Quiero un trípode como el del escaparate.
Je voudrais un pied comme celui qu'il y a dans la vitrine.
dchë desír ën pié kom sëlüí kil i a dan la vitrín

No me funciona el fotómetro.
Le photomètre ne fonchionne pas.
lë fotométr' në fonsione pa
¿Puede Ud. revisar la cámara?
Pourriez-vous reviser mon appareil?
purié vu rëvisé mon aparéy

batería batterie *bat'rí*
cámara compacta appareil photo compact *aparéil fotó konpákt*
— de gran formato — de grand format *— de gran formá*
— polaroid — polaroïd *— polaroíd*
— réflex — reflex *— rëfléks*
cuerpo de cámara boîtier *boutié*
diafragma diaphragme *diafrágm*
disparador de cable déclencheur souple *deklanchër súple*
filtro azul filtre bleu *filtr' blë*
— naranja — orange *—orándch'*
— skylab — filtre neutre *— filtr' nëtr'*

— ultravioleta
— ultraviollet
— últraviolét
flash flash *flasch*
fotómetro
cellule
selül
funda etui *etüí*
flash
flash électronique
flash elektroníke
— estándar
— standar
— standár
— gran angular
— grand angulaire
— gran angülér

obturador
obturateur
obtüratër
teleobjetivo
téléobjectif
teleobdchektíf
zoom zoom *sum*
papel limpia objetivos
papier essuie-objectifs
papié esüí-obdchektíf
pila de 1'5, 3, etc. voltios
pile de 1'5, 3 volts
pil dë ën e demí, truá volt

selector de sensibilidad
sélecteur de sensibilité
selektër dë sansibilité
selector de velocidad de disparo
sélecteur de vitesse de déclenchement
selektër dë vités dë deklanch'mán
trípode pied *pié*

Películas

Quiero un carrete de 36 fotos para papel, de 200 ASA.
Je voudrais une pellicule de 36 photos pour papier, de 200 ASA.
dchë vudré-s ën film dë trantsí fotó pur papié, dë dësán ASA

Quiero un carrete de blanco y negro.
Je voudrais une pellicule de noir et blanc.
dchë vudré-s ën film dë nuár e blan

blanco y negro
noir et blanc
nuár e blan
carga polaroid
charge polaroïd
chardch' polaroíd

carrete
rouleau
ruló
cintas vídeo 8 (V 8)
film/bande vidéo 8 (V 8)
film/band videó üít
— BETA/VHS
film/bande BETA/VSH
film/band betá/ ve es ach
color
couleur
kulër
sensibilidad ISO (50, 100,...)
sensibilité ISO (50, 100,...)
sansibilité ISO senkánt, san,

película de diapositiva
film diapo
film diapó
— de negativo (para papel)
négatif (pour papier)
negatíf (pur papié)
— de tungsteno (de interiores)
tungstène (d'intérieurs)
tongstén (denteriër)
— expuesta
exposée
ekspósé
— virgen
vierge
viérdch'

Revelado

Quiero revelar esta película
Je voudrais développer cette pellicule.
dchë vudré dev'lopé set pelikül

Quiero seis copias de cada negativo en papel mate.
Je désire six copies de chaque négatif en papier mat.
dchë desír si kopí dë chak negatíf an papié ma

Vocabulario

ampliación
agrandissement
agrandis'mán
copia copie *kopí*
diapositiva con/sin marco
diapositive avec/sans cadre
diapositív avék/san kadr'
papel brillo
papier brillant
papié briyán
papel mate
papier mat *papié ma*
revelado
développement *dev'lop'mán*

RELOJERÍA Y JOYERÍA

En la relojería

¿Puede Vd. arreglarme el reloj?
Pouvez-vous me réparer la montre?
puvé vu me reparé la montr'
Se adelanta 20 minutos.
Elle avance de vingt minutes.
el avãns de ven minüt

Se atrasa 20 minutos.
Elle retarde 20 minutes.
el rëtárd ven minüt
Quisiera un buen reloj
Je voudrais une bonne montre
dche vudré-s-ün bon montr'

Vocabulario

adelantar
avancer
avansé
aguja aiguille *egüíy'*
correa
courroie
kuruá
dar cuerda al reloj
remonter la montre
remonté la montr'
minutero
aiguille des minutes
egüíy' de minüt
reloj de bolsillo
montre a gousset
montr' a gusé
reloj de pared
horloge (fem)/
pendule (fem)
orlódch'/pandül
reloj de pulsera
montre
montr

Las joyas

Materiales

bañado de oro
plaqué or
plaké or
bañado de plata
plaqué argent
plaké ardchán

bisutería
bijou de fantaisie
bidchú dë fantesí
brillante brillant *briyán*
diamante diamant *diamán*
dorado doré *doré*
oro or *or*

perla perle *perl*
piedra preciosa
pierre précieuse
piér presiës
plata argent *ardchán*
plateado argenté *ardchanté*
platino platine *platín*
quilate carat *kará*
rubí rubis *rübí*

Alhajas y bisutería

alfiler de corbata
épingle de cravate
epéngl' dë kravát
anillo bague *bag*
anillo de boda
alliance *aliáns*
broche broche *broch*
cadena chaîne *chen*
colgante pendentif *pandantíf*
collar collier *kolié*
crucifijo crucifix *krüsifí*
gemelos
boutons de manchettes
butón dë manchét
medalla médaille *medáy'*
pendiente
boucles d'oreilles
bukl' dorey'
pendiente de clip
boucles d'oreilles à clip
bukl' dorey' a klip
pulsera bracelet *bras'lé*
sortija bague *bag*

¿Dónde está la lavandería más próxima?
Où se trouve la blanchisserie la plus proche?
u së truv la blanchis'rí la plu proch

LAVANDERÍA Y ARREGLOS DE ROPA

¿Pueden quitar esta mancha?
Pouvez-vous enlever cette tache?
puvé vu anlevé set tach
¿Pueden limpiar esta ropa?
Pouvez-vous nettoyer ces vêtements?
puvé vu netuayé se vet'mán
Está descosido.
Elle est décousue.
el e dekusü
¿Pueden arreglar este vestido?
Pouvez-vous raccommoder cette robe?
puvé vu rakomodé set rob
¿Pueden coser este botón?
Pouvez-vous coudre ce bouton?
puvé vu kudr' së butón

Vocabulario

acortar
raccourcir *rakursír*
alargar
rallonger *ralondché*
bajos (del pantalón)
bas du pantalon
ba dü pantalón
botón bouton *butón*
coser coudre *kudr'*
cremallera
fermeture éclair
fermetür eclér
dobladillo
ourlet
urlé
ensanchar
élargir
elardchír
estrechar
rétrécir *retresír*
lavandería
blanchisserie
blanchis'rí

lavar laver *lavé*
limpiar
nettoyer *netuayé*
limpiar en seco
nettoyer à sec
netuayé a sek
planchar
repasser
rëpasé
planchar al vapor
repasser à la vapeur
rëpasé a la vapër
sastrería
tailleur
tayër
tintorería
teinturerie
tentür'rí
zurcir
repriser/raccommoder
rëprisé/rakomodé

LIBRERÍA, PAPELERÍA Y DISCOS

¿Dónde hay una buena librería?
Où est-ce qu'il y a une bonne librairie?
u es-kil i a ün bon libr'rí

¿Dónde hay una buena tienda de discos?
Où est-ce qu'il y a une bonne boutique de disques?
u es-kil i a ün bon butík dë disk

¿Tiene un mapa de carreteras de Francia?
Avez-vous une carte routière de France?
avé vu ün kart rutiér dë frans

¿Tiene Ud. un plano de la ciudad?
Avez-vous un plan de la ville?
avé vu ën plan dë la vil

¿Reciben algún periódico español?
Recevez-vous un journal espagnol?
rës'vé vu ën dchurnál español

¿Dónde está la sección de música clásica?
Où est le rayon de musique classique?
u e lë reyón dë müsík klasík

Libros y papeles

Bloc de dibujo
Bloc de dessins
blok dë desén
Bloc de notas
Bloc-notes
blok not
bolígrafo
stylo
stiló
carpeta
chemise
chëmís
celo
papier collant
papié kolán
cuaderno
cahier *kayé*
diccionario español-francés/ francés-español
dictionnaire espagnol-français/ français-espagnol
diksionér españól fransé/ fransé españól
folios feuilles *fëy*
goma de borrar
gomme à effacer
gom a efasé
guía guide *guid*
lapicero
crayon
kreyón
mapa de carreteras
carte routière
kart rutiér
novela
roman
román
papel
papier *papié*
pegamento
colle
kol
periódico
journal
dchurnál
plano de la ciudad
plan de la ville
plan dë la vil

pluma estilográfica
stylo plume
stiló plúm
revista de automóviles
revue d'automobiles
rëvú dotomobíl
sello de correos
timbre
tenbr'

sobre
enveloppe
anv'lóp
sobre de avión
enveloppe-par avion
anv'lóp par avión
tarjeta postal
carte postale
kart postál

LA MERCERÍA

aguja aiguille *egüy'*
alfiler
épingle
epéngl'
botón bouton *butón*

cinta de algodón
ruban de coton
rübán dë kotón
cordón
cordon
kordón
cremallera
fermeture éclair
fermetür eclér
dedal
dé (à coudre)
de a kudr'
hebilla
boucle
bukl'

hilo de bordar
fil à broder
fil a brodé
imperdible
épingle de sûreté/épingle à nourrice
epéngl' dë sur'té/epéngl' a nurís
liguero
porte-jarretelles
port dchar'tél
ovillo pelote *pëlót*
tijeras ciseaux *sisó*

LA ÓPTICA

¿Pueden arreglarme las gafas?
Pourriez-vous réparer mes lunettes?
puriez vu reparé me lünét
¿Pueden graduarme la vista?
Pouvez-vous me faire une ordonnance pour des lunettes?
puvé vu më fer ün ordonáns pur de lünét
Tengo miopía.
Je suis myope.
dche suí miop'

¿Tienen Uds. gafas de sol?
Avez-vous des lunettes de soleil?
Avé-vu de lünét dë soléy
Se me ha roto un cristal.
J'ai cassé un verre.
dche kasé ën ver
¿Cuánto tardarán?
Combien de temps tardera-t-on?
konbién dë tan tard'rá-t-on

cristal graduado
verre gradué
ver gradüé

cristal sin graduar
verre plat
ver pla

estuche de lentillas
étui à lentilles
etüí a lantíy'

Vocabulario

gafas de sol
lunettes de soleil
lünét dë soléy
gafas graduadas
lunettes de vue
lunét dë vü
gamuza
peau de chamois
po dë chamuá

lentillas blandas
lentilles/verres de contact/ cornéens souples
lantíy'/ver de kontákt/korneén supl
lentillas duras
lentilles/verres de contact/ cornéens durs
lantíy/ver dë kontákt/korneén dür

líquido para limpiar lentillas
liquide pour nettoyer les verres de contact
likíd pur netuayé le ver dë kontákt

EN LA PELUQUERÍA DE CABALLEROS

¿Dónde hay una peluquería de caballeros?
Où est-ce qu'il y a un coiffeur pour hommes?
u es-kil i a ën kuafër pur om
Quiero cortarme el pelo.
Je voudrais me faire couper les cheveux.
dchë voudrais me fer kupé le chëvë
¿Cómo lo quiere?
Comment la voulez-vous?
komán la vulé vu
Lo quiero corto, muy corto.
Court, très court. *kur, tré kur*

Quiero un corte a navaja.
Je désire une coupe au rasoir.
dchë desír ün kup o rasuár
Iguale las patillas.
Égalez les pattes.
egalé le pat
Así está bien.
¿Qué le debo?
C'est bien comme ça.
C'est combien?
Se bién kom sa,
se konbién

EN LA PELUQUERÍA DE SEÑORAS

¿Dónde hay una buena peluquería de señoras?
Où est-ce qu'il y a un bon salon de coiffure pour dames?
u es-kil i a ën bon salón de kuafür pur dam
Quiero un moldeado.
Je veux une minivague.
dchë vë-s-ün minivag
Quiero que me tiñan.
Je voudrais une teinture.
dchë vudré-s- ün tentür

Lavar y marcar.
Un shampooing mise en plis.
ën champuén mis an pli
Quisiera ver un catálogo de peinados modelo.
J'aimerais voir un catalogue de coiffures-modèles.
dchem'ré vuár ën katalóg dë kuafür modél
Quiero un corte como éste.
Je désire une coupe comme celle-ci.
dchë desír ün kup kom selsí

El lavado

El agua está fría/caliente.
L'eau est froide/chaude.
lo e fruád/chod

El secador está muy caliente.
Le sèche-cheveux est très chaud.
lë sech-chëvë e tre cho

Quiero mascarilla.
Je désire un masque.
dchë desír ën mask

No quiero vitaminas.
Je ne veux pas de vitamines
dchë në vë pa dë vitamín

El corte

Quiero flequillo.
Je désire une frange.
dchë desír ün frandch'
Quiero una melena recta.
Je désire une chevelure au carré.
dchë desír ün chëv'lür o karré

Quiero un corte a capas.
Je désire une coupe à couches
dchë desír ün kup a kuch
Quiero que me igualen las puntas.
Je veux qu'on m'ègalise les pointes.
dchë vë kon megalís le puént

El peinado

Quiero que me peine con flequillo.
Je désire une coiffure avec frange.
dchë desír ün kuafür avék franch'
Quiero el pelo liso.
Je désire avoir les cheveux lisses.
dchë desír avuar le chëvë lís

Lo quiero rizado.
Je désire une coiffure frisée.
dchë desír ün kuafür frisé
Quiero una permanente floja.
Je désire une permanente peu frisée.
dchë desír ün permanánt pë frisé

El tinte

Quiero reflejos.
Je désire des reflets.
dchë desír de rëflé
Quiero un tono caoba.
Je désire un ton acajou.
dchë desír ën ton akdchú
Quiero aclararme el pelo.
Je désire me faire éclaircir les cheveux.
dchë desír më fer eklersír le chëvë

Quiero un color más claro.
Je désire une couleur plus claire.
dchë desír ün kulër plu kler
Quiero un color más oscuro.
Je désire une couleur plus obscure.
dchë desír ün kulër plu obskür
¿Tiene un muestrario de colores?
Avez-vous un échantillonage de couleurs? *avé vu ën echantiyonádch dë kulër*

Vocabulario

aclarado éclairci *eklersí*
afeitar raser *rasé*
barba barbe *barb*
bigote moustache *mustách*
brillantine brillantine *briyantín*
bucles boucles *bukl'*
cabeza tête *tet*
cara visage *visádch*
caspa pellicules *pelikül*
castaño marron/châtain *marón/chatén*
cepillo brosse *bros*
champú shampooing *chanpuén*
cobrizo cuivré *küivré*
cortar couper *kupé*
dar un tinte teindre les cheveux *tendr' le chëvë*
dar volumen donner du volume *doné dü volüm*
flequillo frange *frandch'*
laca laque *lak*

lavar laver *lavé*
manicure faire les ongles *fer le-s-ongl'*
maquinilla de afeitar rasoir *rasuár*
marcar faire una mise en plis *fer ün mis an pli*
masaje massage *masádch'*
mechón mèche *mech*
moño chignon *chiñón*
navaja de afeitar rasoir *rasuár*
negro noir *nuár*
ondas ondulation *ondulasión*
patillas pattes *pat*
pedicura pédicure *pedikür*
peinar peigner *peñé*
peine peigne *peñ*
pelirrojo roux *ru*
pelo cheveu *chëvë*
peluca perruque *perük*
peluquería salon de coiffure *salón dë kuafür*
permanente permanente/indéfrisable *permanánt/endefrisábl'*
pinzas pinces *pens*
postizo postiche *postích*
raya raie *re*
reflejo reflet *rëflé*
rizos boucles *bukl'*
rojizo roux *ru*
rubio blond *blon*
rulos rouleaux *ruló*
secador de pelo séchoir/sèche-cheveux *sechuár/sech-chëvë*
suavizante adoucissant *adusisán*
teñir teindre *tendr'*
tinte teinture *tentür*
vitaminas vitamines *vitamín*

PERFUMERÍA Y DROGUERÍA

agua de colonia eau de cologne *o dë kolóñ*
barra de labios bâton de rouge à lèvres *batón dë rudch a levr'*
bolsas de basura sacs poubelle *sak-s-pubél*
brocha de afeitar blaireau *bleró*
cepillo de dientes brosse à dents *bros a dan*
cepillo de uñas brosse à ongles *bros a ongl'*
cepillo de pelo brosse à cheveux *bros a chëvë*
champú shapooing *chanpuén*
compresas serviettes hygiéniques *serviet hiyieník*
crema hidratante crème hydratante *krem idratánt*
crema limpiadora lait nettoyant *le netuayánt*
dentífrico pâte dentifrice *pat dantifrís*
desodorante déodorant *deodorán*

detergente détergent *deterdchán*
esmalte de uñas vernis à ongles *verní-s-a ongl'*
esponja éponge *epóndch'*
espuma de afeitar crème à raser *krem a rasé*

Vocabulario

estropajo
éponge végétale
epóndch' vedchetál
gel de baño
gel de bain
dchel de ben
hoja de afeitar
lame de rasoir
lam dë rasuár
horquillas
épingles à cheveux
epéngl'-s-a chëvë
jabón
savon *savón*
jabón de afeitar
savon à barbe
savón a barb
laca
laque *lak*
lápiz de labios
(bâton de) rouge à lèvres
(batón dë) rudch' a levr'
lápiz de ojos
crayon pour les yeux/ à sourcils
kreyón pur le-s-yë/ a sursí
lima de uñas
lime à ongles
lim a ongl'
loción para después del afeitado
after-shave
aftesheiv
maquillaje
fond de teint
fon de ten
pañuelo de papel
mouchoir en papier
muchuár an papié
papel higiénico
papier hygiénique
papié idchieník
peine peigne *peñ*
perfume
parfum
parfúm
pinzas de depilar
pinces à épiler
pens a epilé
pinzas para el pelo
pinces à cheveux
pens a chëvë
pinzas para la ropa
pinces à linge
pens a lendch
polvos de talco
poudre de talc
pudr' dë talk
quitaesmalte
dissolvant *disolván*
rimel rimmel *rimél*
sombra de ojos
ombre à paupières
onbr' a popier
tijeras ciseaux *sisó*
tónico tonique *toník*

EN LA TIENDA DE ROPA

Tejidos

¿De qué está hecho?
C´est en quoi ça?
set-an kuá sa
¿Qué tejido es?
C'est quelle sorte de tissu?
Se sort de tisü

Quiero un traje de lino.
Je désire un costume en lin.
dchë desír ën kostüm an len
Quiero una cazadora de cuero.
Je désire un blouson en cuir.
dchë desír ën blusón an küir

Vocabulario

algódón	coton	*kotón*
ante	daim	*den*
cuero	cuir	*küir*
franela	flanelle	*flanél*
hilo	fil	*fil*
lana	laine	*len*
nylon	nylon	*nilón*
pana	velorus	*velúr*
piel	peau	*po*
raso	satin	*satén*
rayón	rayonne	*reyón*
seda	soie	*suá*
terciopelo	velours	*vëlúr*
tergal	tergal	*tergál*

Tallas

Mi talla es la 42.
Je fais du quarante deux.
dche fe dü carant dë
No sé cuál es mi talla.
Je ne sais pas quelle est ma taille.
dchë në se pa kel e ma tay'
¿Tiene la talla 38?
Avez-vous un trente huit?
avé vu ën trant üit

¿Puedo probármelo?
Je peux l'essayer?
dchë pë leseyé

Vocabulario

abierto	échancié	*echansié*
ancho	large	*lardch'*
cerrado	fermé	*fermé*
corto	court	*kur*
estrecho	serré	*serré*
grande	grand	*gran*
justo	ajusté	*adchüsté*
largo	long	*lon*
pequeño	petit	*pëtí*
suelto	souple	*supl'*

EN LA ZAPATERÍA

¿Puede Ud. coser estos zapatos?
Pouvez-vous coudre ces chaussures?
puvé vu kudr' se chosur
Quiero tacones nuevos.
Je voudrais des talons neufs.
dchë vudré de talón nëf

Vocabulario

betún	cirage	*sirádch'*
botas	bottes	*bot*
— de goma	— en caoutchouc	*— an kautchú*
botines	bottines	*botín*
cordones	lacets	*lasé*
playeras	sandales de plage	*sandál dë pladch*
plantillas	semelles intérieures	*semél-s-enteriër*
sandalias	sandales	*sandál*
— de goma	— en caoutchouc	*— an kautchú*
zapatos	chaussures	*chosur*
zapatillas de casa	chaussons	*chosón*
— de deporte	— sportifs	*— sportíf*

OCIO Y ESPECTÁCULOS

CINE Y TEATRO

Como en otros países, cada vez abundan más los multicines; las películas extranjeras se exhiben casi siempre en versión original subtitulada.

No sólo en París, sino en cualquier capital de provincia se puede asistir a grandes espectáculos teatrales. En París, desde óperas y ballet en sus dos grandes teatros –la ópera Garnier y la ópera de la Bastilla inaugurada en 1989– a los más lujosos o frívolos espectáculos de variedades o cabaret. Desde los grandes clásicos en la Comedie Française hasta las más intrascendentes comedias de evasión, propias del teatro de boulevard. A veces es difícil encontrar localidades en el día o para una fecha o espectáculo concreto, en ese caso se puede recurrir a las agencias especializadas, pagando un porcentaje.

Rótulos más frecuentes

- AMPHITHÉÂTRE **Anfiteatro**
- CINÉMA PERMANENT **Sesión continua**
- COMPLET **No hay localidades**
- DERNIERS JOURS **Últimos días**
- FILM SOUS-TITRÉ **Versión original**
- GALERIE/POULAILLER **Galería**
- GUICHET **Taquilla**
- LOGE **Palco**
- ORCHESTRE **Platea**
- PARTERRE **Patio de butacas**
- PASSAGES **Pases**
- PREMIER RANG **Delantera**
- PREMIÈRE REPRÉSENTATION **Estreno**
- SÉANCE NUMEROTÉ **Sesión numerada**
- VERSION ORIGINALE **Versión original**

¿A qué hora empieza la sesión?
A quelle heure commence la séance?
a kel ër kománs la seáns
Deme dos butacas centrales por favor.
Donnez-moi deux places au centre s'il vous plaît.
doné muá dë plas o santr' sil vu plé
¿Dónde está el teatro Apollo?
Où est le théâtre Apollo?
u e lë teátr' apoló

Deme dos entradas para el concierto de mañana.
Donnez-moi deux billets pour le concert de demain.
doné muá dë biyé pur lë konsér dë dëmén
¿A qué hora es el concierto?
A quelle heure est le concert?
a kel ër e lë konsér
¿Qué piezas interpretan?
Qu´est ce qu´on joue?
kes kon dchu
¿Quién es el director?
Qui est le chef d´orchestre?
ki e lë chef dorkestr'
¿Hay algún concierto interesante de música clásica?
Y a-t-il un concert intéressant de musique classique?
i a-t-il ën konsér enteresán dë müsík klasík

¿Ponen alguna película interesante?
Passe-t-on un film intéressant?
pas-t-on ën film enteresán
¿Qué ponen en el cine Lux?
Quel film passe-t-on au cinéma Lux?
kel film pas-t-on o sinemá lüx
Deme dos butacas laterales de la fila cinco, por favor.
Donne-moi deux places latérales du cinquiéme rang, s'il vous plaît.
doné muá dë plas lategál senkiém ran, sil vu ple
¿Quién es el director?
¿Y los actores?
Qui est le metteur en scéne (théatre)/réalisateur (cinéma)?
Et les acteurs?
ki e lë metër an sén
e le-s-aktër

MÚSICA Y DANZA

¿A qué hora empieza la función?
A quelle heure commence la représentation?
a kel ër kománs la rëpresantasión
¿Qué orquestra interpreta?
Quel est l'orchestre qui sone?
kel e lorkéstr' ki son
¿Qué compañía actúa?
Quelle est la compagnie qui joue?
kel e la konpañí ki dchu
¿Quién es el batería?
Qui est le batteur?
ki e lë batër

DE COPAS

Una copa de ginebra, por favor
Un verre de gin, s'il vous plaît.
ën ver dë dchin, sil vu ple

¡Camarero!, un vaso de vino y dos cervezas, por favor.
Garçon! un verre de vin et deux bières, s'il vous plaît.
¡garsón! ën ver dë ven e dë biér, sil vu ple

¿Hay alguna mesa libre?
Y a-t-il une table libre?
i a-t-il ün tabl' libr'

¿Qué desea tomar?
Que vondez-vous boire?
ke vulé vu buar

¿Qué van a tomar?
Ça sera quoi?
sa será kuá

Una copa de coñac por favor.
Une cognac s'il vous plaît.
ün coñák sil vu ple

¡Camarero!, la cuenta, por favor.
Garçon, la note, s'il vous plaît.
garsón, la not, sil vu ple

¿Dónde hay una zona de bares a estas horas?
Où est-ce qu'il y a des bars ouverts à cette heure?
u es-kil i orá de bar-s-uvér a setër

Póngame dos cubitos de hielo.
Mettez-moi deux glaçons.
meté muá dë glasón

Quíteme el hielo, por favor.
Enlevez les glaçons, s'il vous plaît.
anl'vé le glasón, sil vu ple

agua eau *o*
agua mineral con gas
eau minérale gazeuse
o minerál gasës
aguardiente
eau-de-vie (fem)
o dë vi
anís
anisette
anisét
bar
bar/café
bar/kafé
barra
comptoir
kontuár
batido
milk-shake
milk-chek
beber boire *buár*
bebida con/sin alcohol
boisson avec de l'alcool/sans alcool
buasón avék dë lalkól/san-s-alkól
bíter bitter *bitér*
café con hielo
café frappé
kafé frapé
— con leche
— au lait
— o le
— cortado
— noisette
— nuaset
— solo
— noir
— nuar
cafetería
cafetería
kafeteriá
camarero
garçon *garsón*
cerveza
bière *biér*
coca
coca (masc.)
cocá
coñac cognac *koñák*
copa verre *ver*
cuba libre
rhum coca
rom koká
cubito glaçon *glasón*
dulce doux *du*
gaseosa
limonade
limonád

Vocabulario

ginebra gin *dchin*
hielo glaçons *glasóm*
infusión infusion *enfusión*
licor liqueur *likër*
lima limette *limét*
limón citron *sitrón*
limonada citronnade *sitronád*
manzanilla cacomille *kakomíl*
menta menthe *mant*
mosto moût *mu*
naranja orange *orándch'*
naranjada orangeade *orandchád*
pipermín peppermint *pepermínt*
poleo pouliot *pulió*
ponche punch *ponch*

ron rhum *rom*
¡salud! santé! *santé*
seco sec *sek*
sidra cidre *sidr'*
soda soda *sodá*
taberna bistrot *bistró*
té thé *te*
tequila tequila *tekilá*
tónica tonique *toník*
vaso verre *ver*
vermouth blanco vermouth blanc *vermút blan*
— rojo — rouge *— rudch'*

vino vin *ven*
vodka vodka *vodká*
whisky whisky *uiskí*
zumo jus *dchü*
— de limón — citron pressé *— sitrón presé*
— de naranja — orange pressée/ jus d'orange *— orandch' presé/ dchü dorándch'*
— de tomate — de tomate *— dë tomát*

EN LA DISCOTECA

¿Dónde hay una discoteca?
La discothèque c'est où?
la diskoték se u
¿Conoces alguna discoteca con marcha?
Tu connais une discothèque branchée?
tü koné ün diskoték branché
¿Qué tipo de música suelen poner?
C´est quel genre de musique?
se kel dchanr' dë musík
¿A qué hora abren?
Ça ouvre à quelle heure?
sa uvr' a kel ër
¿Estás esperando a alguien?
Tu attends quelqu'un?
tü atán kelkën

¿Quieres bailar?
Tu veux danser?
tü vë dansé
Bailas muy bien.
Tu danses trè bien.
tü dans tre bién
Estoy muy a gusto contigo.
Je suis très bien avec toi.
dchë süí tre bién avék tuá
¿Te acompaño a tu casa?
Je t'accompagne chez toi?
dchë takonpáñ che tuá
Me gustaría volver a verte.
J'aimerais te revoir.
dchem'ré të rëvuár
¿Cuál es tu número de teléfono?
Quel est ton numéro de téléphone?
kel e ton numeró dë telefón?

JUEGOS

¿Sabe Ud. jugar al billar?
Savez-vous jouer au billard?
savé vu dchué o biyár

¿Le apetece jugar una partida?
Vous aimeriez en faire une partie?
vus emerié an fer ün partí

¿Cuáles son las reglas del juego?
Quelles son les règles du jeu?
kel son le regl' dü dchë

¿Quiere Ud. que le enseñe a jugar?
Voulez-vous que je vous apprenne à jouer?
vulé vu kë dchë vu-s-aprén a dchué

ajedrez échecs *echék*
–alfil fou *fu*
–caballo cheval *cheval*
–casilla case *kas*
–jaque échec *echék*
–jaque mate échec et mat *echék e ma*
–peón pion *pión*
–reina dame *dam*
–rey roi *ruá*
–torre tour *tur*
billar billard *biyár*
–banda bande *band*
–bolas boules *bul*
–taco queue *kë*
–tiza craie *kre*
bolos quilles *kiy'*
cartas cartes *kart*
–bridge bridge *briddch*
–caballo cavalier *kavalié*
–canasta canasta *kanastá*
–figura figure *figür*
–póquer poker *pokér*
–corazones coeur *kër*
–diamantes carreau *karó*
–picas pique *pik*
–tréboles trèfle *trefl'*
–rey roi *ruá*
–sota valet *valé*
casino casino *kasinó*
cubilete gobelet *gob'lé*
dados dés *de*
damas dames *dam*
dardos flèches *flech*
diana mouche *much*
dominó domino *dominó*
ficha fiche *fich*
ganar gagner *gañé*
juego de mesa jeu de Table *dchë dë tabl'*
lotería loto *lotó*
mover déplacer *deplasé*
perder perdre *perdr'*
ping-pong ping-pong *pin póng*
mesa table *tabl'*
pala raquette *rakét*
red filet *filé*
pelota balle *bal*
ruleta roulette *rulét*
salir sortir *sortír*
comer prendre *prandr'*
tablas partie nulle *partí nül*
tablero de ajedrez/de damas échiquier/damier *echikié/damié*
tapete tapis *tapí*

PLAYA Y PISCINA

¿Dónde hay una playa cerca de aquí?
Où est-ce qu'il y a une bonne plage près d'ici?
u es kil i a ün bon pladch' pre disí
¿Se puede nadar sin peligro?
On peut y nager sans danger?
on pë i nadché san dandché
¿Hay resaca?
Il y a du ressac?
il i a dü resák
¿Hay por aquí alguna playa nudista?
Y a-t-il par ici une plage naturiste?
i a-t-il par isí ün pladch' natürist
¿Hay corrientes por esta zona?
Y a-t-il des courants par ici?
i a-t-il de kurán par isí

¿Conoce Ud. una piscina con buenas instalaciones?
Connaissez-vous une piscine avec de bonnes installations?
konesé vu ün pisín avék dë bon-s-ens-talasión
Deme tres entradas, dos de adulto y una de niño.
Trois entrées, s'il vous plaît, deux adultes et un enfant.
truá-s-antré, sil vu ple, dë adült'e ün anfán
¿Dónde puedo alquilar una tumbona?
Où est-ce que je peux louer une chaise-longue?
u es-kë dchë pë lué ün ches long
¿Cuánto cuesta por día?
Quel est le prix par jour?
kel e lë pri par dchur

Rótulos más frecuentes

À LOUER	**Se alquila**
BAIGNADES INTERDITES	**Prohibido bañarse**
CABINES	**Cabinas**
DANGER	**Peligro**
DOUCHES	**Duchas**
OMBRELLE	**Sombrilla**
POSTE DE SECOURS	**Puesto de socorro**
VESTIAIRES	**Vestuarios**
ZONE DANGEREUSE	**Zona peligrosa**

DEPORTES

¿Sabe Ud. dónde se puede jugar al tenis?
Savez-vous où on peut jouer au tennis?
savé vu u on peut dchué o tení
Quisiera alquilar un par de esquís.
Je voudrais louer des skis.
dchë vudré lué dë-s-ski
¿Alquilan raquetas?
On loue des raquettes?
on lu de rakét
¿Hay alguna carrera interesante?
Y a-t-il une course intéressante?
i a-t-il ün kurs enteresán

¿Dónde está el estadio?
Où est le stade?
u e lëstad
¿Cuánto cuesta la entrada?
Quel est le prix de l'entrée?
kel e lë pri dë lantré

DICCIONARIO DE VIAJE

A

a	à
a favor de	à la faveur de
a causa de	à cause de
a la derecha	à droite
a la izquierda	à gauche
a menudo	souvent, fréquemment
a través de	à travers
a veces	parfois
a, en	à, en
abajo	en bas
abandonar	abandonner
abedul	bouleau
abeja	abeille
abierto	ouvert
abrebotellas	ouvre-bouteilles
abrelatas	ouvre-boîtes
abrigo	
— de mujer	manteau
— de hombre	pardessus
abrir(se)	(s') ouvrir
absurdo/a	absurde
aburrido/a	ennuyeux/euse
aburrir	ennuyer
aburrirse	s'ennuyer
acaso	peut-être
aceite	huile
aceitunas	olives
acelga	bette
aceptar	accepter
acera	trottoir
acero inoxidable	acier inoxydable
acompañar	accompagner
aconsejar	conseiller
acostarse	se coucher
acostumbrado/a	habitué/e
activo/a	actif/active
acto	acte
actor	acteur
actriz	actrice
acuerdo	accord
acusar	accuser
adaptación del texto	adaptation du texte
adaptador (eléctrico)	adaptateur (électrique)
adelantar	avancer, dépasser
adelante	en avant
además	en plus
además de	en plus de
admitir	admettre
afilado/a	aiguisé/e
afirmar	affirmer
afueras	(les) alentours, (les) environs
agarrar	saisir
agencia de viajes	agence de voyages
agotado/a	épuisé/e
agradable	agréable
agradecer	remercier
agricultura	agriculture
agua	eau
— potable	— potable
aguacate	avocat
aguantar	supporter, souffrir
aguja	aiguille
— coser	— à coudre
— reloj	— de montre
— campanario	flèche
agujero	trou
ahogado/a	noyé/e
ahora	maintenant
ahí	là
aire	air
ajo	ail
al lado (de)	à côté de
al norte/sur	au nord/sud
al este/oeste	à l'est/à l'ouest
al principio	au début
ala	aile
— delta	— en delta
albaricoques	abricots
albornoz	bournous
alcachofas	artichauts
alcantarilla	égout
alcanzar	atteindre
alcohol	alcool
aldea	hameau
alegre	gai
alegría	gaîté
alfiler	épingle (fem.)
alfombra	tapis (masc.)

alguien	quelqu'un
algunas veces	quelques fois
alguno/a	quelqu'un/e
allí, allá	là-bas
alma	âme
almacén	magasin
almendra	amande
almohada	oreiller (masc.)
alpinismo	alpinisme
alquilar	louer
alquiler	loyer, location
alrededor de	autour de, environ
altavoz	haut-parleur
alto/a	haut/e
altura	hauteur
alubias	haricots
alumno/a	élève
amar, querer	aimer
amargo/a	amer/ère
amatista	améthyste
ámbar	ambre
ambulancia	ambulance
americana	veste, veston
amor	amour
amplificador	amplificateur
ancho/a	large
anchoas	anchois
anchura	largeur
andar	marcher
angulas	civelles
animal	animal, bête
anoche	hier soir
anorak	anorak
ante	devant
anteayer	avant-hier
antena	antenne
antes	avant
antichoque	pare-chocs
anticuario	antiquaire
antipático	antipathique
anual	annuel
anuncio	publicité
añadir	ajouter
apagar	étéindre
aparcar	stationner
apartamento	appartement
apellido	nom
apenas	à peine
aperitivo	appéritif
aplaudir	applaudir
apostar (a)	parier (à)
aprender (a hacer)	apprendre (à faire)
apretar	serrer
aprobar	approuver
— un examen	être reçu
aproximadamente	à peu près
apuesta	pari (masc.)
aquel/lla	ce, cette
aquello	cela
aquellos/llas	ces
aquí	ici
araña	araignée
árbitro	arbitre
árbol	arbre
árbol frutal	arbre fruitier
archipiélago	archipel
arena	sable (masc.)
arenque	hareng
argolla	anneau
aria	aria
armario	armoire (fem.)
aro	cerceau, cercle
arpa	harpe
arreglar	arranger, réparer
arrepentirse de	regretter
arriba	en haut
arrodillarse	s'agenouiller
arroyo	ruisseau
arroz	riz
arroz con leche	riz au lait
artesano/a	artisan/e
asa	anse
ascensor	ascenseur
así	ainsi, comme ça
asistir (a)	assister (à)
aspecto	aspect
áspero	âpre
astigmatismo	astigmatisme
asustado/a	effrayé/e
asustar	faire peur, effrayer
asustar(se)	avoir peur
atar	attacher
atasco de tráfico	embouteillage
atentado	attentat
atletismo	athlétisme
atracar	
— un barco	— amarrer
— (robar)	— voler à main armée
atrasar	retarder
atún	thon
aumentar	augmenter

aunque	quoique
autobús	autobus, bus
autocar	autocar, car
automático	automatique
autopista	autoroute
autor/a	auteur
autoservicio	self-service
avellanas	noisettes
avenida	avenue
aventura	aventure
averiarse	tomber en panne
averiguar	vérifier, se renseigner
aves (pájaros)	oiseaux,
— (gastron.)	volaille
aviso	avis, avertissement
avispa	guêpe
ayer	hier
ayuda	aide
ayudar a	aider
alguien a	quelqu'un à
azabache	jais
azúcar	sucre

B

bacalao	morue
bailar	danser
bailarín	danseur
bailarina	danseuse
bajar	descendre
bajar de	descendre de
bajo/a	bas/basse
balcón	balcon
ballena	baleine
ballet	ballet
balón	ballon
baloncesto	basket-ball
balonmano	hand-ball
balonvolea	volley-ball
bandera	drapeau
bañador	maillot de bain
bañarse	se baigner
bañera	baignoire
barato/a	bon marché
barba	barbe
barca de remos	barque
barco, barca de motor	bateau
barítono	baryton
barrio	quartier
barro	boue (fem.)
bastante	assez
basura	ordures
bata	robe de chambre
batería	batterie
batidora	batteur
batín	veste d'intérieur
batista	batiste
bayeta	serpillière
beber	boire
bello/a	beau/belle
besugo	dorade (fem.)
betún	cirage
biblioteca	bibliothèque
bicicleta	bicyclette
bien	bien
bigote	moustache (fem.)
bikini	deux pièces, bikini
bizcocho	biscuit
blando	doux, mou
blanda	douce, molle
blusa	blouse
bolígrafo	stylo à bille
bollos	petits pains, brioches
bolsa de aseo	trousse de toilette
bolsillo	poche (fem.)
bomba	bombe
bombero	pompier
bombilla	ampoule, lampe
bombón	chocolat
bonito/a	joli , jolie
— (pescado)	thon
borracho/a	ivre, soûl/e
bosque	bois, forêt (fem.)
boxeo	boxe (fem.)
boya	bouée
bragas	culotte, slip
bragueta	braguette
breve	bref
brillante, listo	brillant
brillar	briller
brindar	porter un toast (à)
bronce	bronze
bronceador	huile à bronzage
brújula	boussole
bucear	nager sous l'eau
buena suerte	bonne chance
bueno/a	bon/bonne
buey	boeuf
bufanda	cache-nez, écharpe
burro	âne
buscar	chercher
butaca	entrée

C

caballo	cheval
cabeza	tête
cabina (de teléfono)	cabine
cabra	chèvre
cacahuetes	cacahuètes
cadena	chaîne
caerse	tomber
cafetera	cafetière
caja	caisse
calabacín	courgette (fem.)
calcetín	chaussette (fem.)
calculadora	calculatrice
caldo	bouillon
calefacción	chauffage (masc.)
calentador	chauffe-eau
calentar(se)	(se) chauffer
calidad	qualité
caliente	chaud
caliente, caluroso	chaud, chaleureux
callarse	se taire
calle	rue
callos	tripes
calzada	chaussée
calzoncillos	caleçon
cama	lit (masc.)
camarera/o	serveuse/garçon
cambiar	changer
cambiar(se)	(se) changer
camello	chameau
camino, sentido	chemin, direction
camión	camion
camisa	chemise
camisón	chemise de nuit
campeonato	championnat
campo	champ, campagne
— de fútbol	terrain de foot-ball
— de golf	terrain de golf
canal	canal
cancha de tenis	court de tennis
canción	chanson
candelabro	bougeoir
cangrejo de mar	crabe
cangrejo de río	écrevisse (fem.)
canguro	kangourou
cansado/a	fatigué/e
cantante	chanteur, chanteuse
cantar	chanter
canto	chant
caña de pesca	ligne, canne à pêche
capa	cape
capaz	capable
capital (ciudad)	capitale
capítulo	chapitre
caramelos	bonbons
cariñoso/a	affectueux/euse
carne	viande
— de cerdo	— de porc
— de cordero	— d'agneau, — de mouton
— de ternera	— de veau
— para guisar	— bas morceaux
— picada	— hachée
caro	cher
carrera	course
— de atletismo	— d'athlétisme
— de caballos	— de chevaux
— de coches	— de voitures
— de motos	— de motos
carrete	
— de pescar	moulinet
— de fotos	pellicule
carretera	route
— de circunvalación	— de circonvallation, boulevard périphérique
— para bicicletas	piste cyclable
cartelera	rubrique des spectacles
cartera	portefeuille
casa	maison
casa de empeños	mont-de-piété, maison de prêt sur gages
casado/a	marié/e
casarse	se marier, épouser
— con alguien	— quelqu'un
casco	casque
casi	presque
castaño	châtaignier, marronnier
castillo	château
catedral	cathédrale
caviar	caviar
caza	chasse,
— (gastron.)	gibier
cazadora	blouson
cazar	chasser
cazo	louche (fem.)
cazoleta	cassolette
cazuela	casserole
cebo	appât, amorce
cebolla	oignon

cebra	zèbre
cementerio	cimetière
cena	dîner (masc.)
cenicero	cendrier
centollo	araignée de mer
cepillo	brosse (fem.)
— de ropa	— à habits
— dientes	— à dents
cerámica	céramique
cerca (de)	près de
cercano/a	proche
cerdo	porc, cochon
cerezas	cerises
cerradura	serrure
cerrar con llave	fermer à clé
cerrar(se)	(se) fermer
cesta	panier
chal	châle
chaleco	gilet
chalet	chalet
champiñón	champignon
chándal	survêtement (de sport)
chaqueta	veste
chaquetón	veston
charlar	bavarder
cheque de viaje	chèque de voyage
cheviot	cheviotte (fem.)
chicle	chewing-gum
— de frambuesa	— à la framboise
— de fresa	— à la fraise
— de menta	— à la menthe
chillar, gritar	crier
chimenea	cheminée
chocolate	chocolat
chopo	peuplier
chuleta	côtelette
cicatriz	cicatrice
ciclismo	cyclisme
ciclomotor	cyclomoteur
ciego/a	aveugle
cierva	biche
ciervo	cerf
cigala	langoustine
cinta	ruban
cinta métrica	mètre à ruban
cintura	ceinture
cinturón	ceinture (fem.)
circuito de carreras	circuit (de courses)
círculo	cercle
ciruelas	prunes
cita	rendez-vous (masc.)
ciudad	ville
civil	civil
clarinete	clarinette (fem.)
claro/a, despejado/a	clair/e, dégagé/e
clase	classe
clásico/a	classique
cobarde	lâche
cobre	cuivre
coche	voiture
— de policía	— de police
cochecito de niño	voiture d'enfant
cochinillo	cochon de lait
cocido	pot-au-feu
cocina	cuisine
coco	noix de coco
cocodrilo	crocodile
codorniz	caille
coger	prendre
cojo/a	boiteux/euse
cola	queue
colaborar	collaborer
colchón	matelas
colchoneta	petit matelas
colegio	collège
colina	colline
colmillos	canines (fem.)
colocar	placer
colorete	fard, rouge à joues
columna	colonne
combinación	combinaison
combinado	combiné
comedia	comédie
— musical	— musicale
comedor	salle à manger
comer	manger
comida	repas
comisaría	comissariat
como	comme
cómo	comment
cómodo	commode
compañía	compagnie
— de teatro	— de théatre
completamente	complètement
completar	compléter
completo	complet
complicado	compliqué
composición	composition

compositor/a	compositeur/ trice
comprar (a)	acheter (à)
comprender	comprendre
comprobar	vérifier
con	avec
con destino a	à destination de
con rumbo a	en direction de
concierto	concert
condado	comté
condenar	condamner
conducir	conduire
conejo/a	lapin/e
confesar	confesser
confirmar	confirmer
confitería	confisserie
congelador	congélateur
conmigo	avec moi
conseguir	obtenir
consejo	conseil
consigo	avec soi
consomé	consommé
construir	construire
consultar	consulter
consumición	consommation
contaminación	pollution
contar	compter
— narrar	raconter
contestación	réponse
contestar, responder	répondre
contigo	avec toi
continente	continent
continuar	continuer
contra	contre
contrabajo	contrebasse (fem.)
contralto	contralto
conversación	conversation
copiar	copier
coral	coral
— (canto)	choral
corbata	cravate
cordero	agneau
coreografía	chorégraphie
coro	choeur
corona	couronne
correcto/a	correct/e
correr	courir
corriente	courant
cortar	couper
corteza	
— de árbol	écorce,
— de pan	croûte
— de queso	croûte
cortina	rideau (masc.)
corto/a	court/e
cosa	chose
coser	coudre
costa	côte
costar	coûter
costumbre	coutume, habitude
costura	couture
crecer	croître, grandir
creer	croire
crema	crème
— protectora	— protectrice
cristal (vidrio)	cristal (verre)
cristalería	verrerie, cristallerie
cronómetro	chronomètre
croquetas	croquettes
cruce	croisement, carrefour
cruzar	traverser
cruzarse con	croiser
cuaderno	cahier
cuadrado	carré
cuadro	tableau
cuál	quel
cuáles	quels
cualquier	quelconque
cualquiera	quelconque, n'importe qui/lequel
cuando	quand
cuanto	combien
cuarteto	quatuor/quartet
cuarto	chambre
cuarto de baño	salle de bain
cuba	cuve
cubierta	
— de barco	pont
— de rueda	pneu (masc.)
cubo	seau
— de basura	poubelle, boîte à ordures
cuchara	cuiller
cuchichear	chuchoter
cuchilla	lame
cuchillo	couteau
cuello	cou
cuenta	compte (masc.)
cuerda	corde
cuerno	corne (fem.)
cuero	cuir
cuidadosamente	prudemment, soigneusement

cuidar soigner
cuidar de prendre soin de
culebra couleuvre
cultivar cultiver
cultura culture
cumplir accomplir
cuna berceau (masc.)
curioso curieux
curva (carreter.) virage
cutis peau (fem.)
cuyo/a/os/as dont, de qui

D

danza danse
dar donner
dar cuerda remonter
dar la bienvenida souhaiter la bienvenue
dar vuelta a tourner
darse prisa se dépêcher
dátiles dattes
de de
de acuerdo d'accord
de vez en cuando de temps en temps
de pie debout
debajo de, abajo sous
débil faible
decidir (se) (a) (se) décider (à)
decir dire
decisión décision
declarar déclarer
decorar (de) décorer (avec)
defensa (deportista) défense
delantal tablier
delante de devant
delantero (deportista) avant
delgado/a mince
delicado/a délicat
delicioso/a délicieux/euse
demás (indef.) autre
— (adver.) du reste, d'ailleurs
demasiado trop
dentro dedans
denuncia plainte, dénonciation
denunciar dénoncer
derecha droite
derecho, ley droit, loi
desafinar chanter faux, jouer faux
desagradable désagréable
desagüe écoulement
desaparecer disparaître
desarrollar (se) (se) développer
desayuno petit-déjeuner
descansar reposer
descanso repos
descargar décharger
desconocido/a inconnu/e, étranger/ère
describir décrire
descubrir découvrir
desde depuis
desde luego bien sûr
desear désirer
deseo désir
desgracia malheur (masc.)
desierto désert
despacio lentement
despensa provisions, garde-manger
despertador réveille-matin
despertar (se) (se) réveiller
despierto/a éveillé/e
después (de) après
destino destination
destruir détruire
desván grenier
detrás derrière
detrás de derrière le/la ...
diadema diadème
dibujar dessiner
dibujo dessin
diccionario dictionnaire
difícil difficile
dificultad difficulté
dije breloque (fem.)
dinero argent
Dios Dieu
dirección direction
— domicilio adresse
— escénica mise en scène
directo/a direct/e
director/a directeur/trice
—de orquesta chef d'orchestre
dirigir diriger
disco disque
— compacto — compact disque
discutir se disputer
disfrazar déguiser
disfrutar jouir

disparar	tirer
distinto/a	différent/e
divertido/a	amusant/e
divertirse	s'amuser
dividido/a	divisé/e
dividir	diviser
divorciado/a	divorcé/e
documentación	papiers (masc. pl.)
doloroso/a	douloureux/euse
donde	où
dormir	dormir
dormitorio	chambre (à coucher)
drama	drame
droga	drogue
ducha	douche
ducharse	se doucher
dulce	doux, douce, sucré/e
dúo	duo
durante	pendant, durant
durar	durer
duro/a	dur/e
duro, difícil	dur, difficile

E

echar al correo	mettre à la poste
echar de menos	regretter
edad	âge (masc.)
edificio	bâtiment, édifice
edredón	édredon
educar, instruir	élever, instruire
ejemplo	exemple
él	il
ella	elle
ello	cela
ellas	elles
ellos	ils
eléctrico	électrique
electrodoméstico	électroménager
elefante	éléphant
elegante	élégant
elegir	choisir
emborracharse	s'enivrer
empanada	friand (masc.), pâté en croûte
empanadilla	friand (de carne), chausson (de dulce)
emperador	empereur
— pescado	poisson-épée,
empezar (a)	commencer (à)
emplear	employer
empujar	pousser
en	en, à
en casa	à la maison, chez soi
en contra de	contre
en el extranjero	à l'étranger
en lugar de	au lieu de
en medio	au milieu
en medio de	au milieu de
en seguida	tout de suite
en vez de	au lieu de
encantado	enchanté
encantador	charmant
encarcelar	emprisonner
encender	allumer
enchufe	prise de courant
encima de, arriba	sur, en haut
encontrar	trouver
endibia	endive
enemigo/a	ennemi/e
enfadado/a	fâché/e
enfermo/a	malade
enfrente de	en face de
enorme	énorme
ensalada	salade
enseñar, mostrar (se)	enseigner, apprendre, (se) montrer
entender	comprendre
enterarse de	s'informer, apprendre
entonces	alors
entre	entre, parmi
entreacto	entracte
entremeses	hors-d'oeuvre
entrevistar	interviewer
enviar	envoyer
envolver	envelopper
equipo de buceo	équipement de plongée
— de fútbol	equipe de foot-ball
— balonmano	— de hand-ball
equitación	équitation
equivocarse	se tromper
error	erreur (fem.)
es decir	c'est à dire
esa	cette
esas	ces
escalera	escalier, échelle
— de mano	échelle
escalón	marche (fem.)

escena	scène
escenario	scène, plateau
escenografía	mise en scène
escoba	balai (masc.)
escobilla (de pipa)	brosse (de pipe)
escoger	choisir
escribir	écrire
escuchar	écouter
escuela primaria	école primaire
escultura	sculpture
ese	ce, cet
esfera	sphère
esgrima	escrime
esmalte	émail
esmeralda	émeraude
esmoquin	smoking
eso, esos	ces
espacio	espace
espalda	dos (masc.)
especie	espèce
espejo	miroir
esperanza	espoir, espérance
esperar	attendre,
— (confiar)	espérer
espiral	spiral
esponja	éponge
espuma para el pelo	mousse à cheveux
esquí	ski
— acuático	— nautique
esquiar	skier
esquina	coin (masc.)
esta	cette
establecimiento	établissement
estación	gare
— de autobuses	gare routière
— de tren	gare de chemin de fer
— de esquí	station de ski
estadio	stade
estado (país)	état, pays
— (físico)	état
estallar	éclater
estar	être
— de acuerdo	— d'accord
— de pie	— debout
— equivocado/a	— trompé, ne pas être dans le vrai
estas	ces
este	ce, cet
estéreo	stéréo
estilo	style
esto	cela
estos	ces
estrabismo	strabisme
estrecharse la mano	se serrer la main
estrella	étoile
estrellar	mettre en pièces
estreno	nouveauté, première représentation
estropear (se)	(s') abîmer
estudiante	étudiant
estudios	études (fem.)
estufa	poêle (masc.)
estúpido/a	stupide
etiqueta	étiquette
exactamente	exactement
examen	examen
examinarse	passer un examen
excepto	excepté, sauf
excursión	excursion
existir	exister
éxito	succès
experiencia	expérience
explicación	explication
explicar	expliquer
exposición	exposition, exposé (masc.)
expresión	expression
exprimidor	presse-citron, presse-fruits
exquisito/a	exquis/e
extra	extra
extranjero/a	étranger/ère
extraordinario/a	extraordinaire

F

fábrica	fabrique, usine
fabricar	fabriquer
facción	faction
fácil	facile
fácilmente	facilement
faja	gaine
falda	jupe
fama	renommée
famoso/a	renommé/e, célèbre
faro	phare
farola	réverbère
fecha de nacimiento	date de naissance

felicitar	souhaiter
feliz	heureux/euse
feo/a	vilain/e, laid/e
fieltro	feutre
fiesta	fête
filtro	filtre
fin	fin (fem.)
fin de semana	fin de semaine, week-end
finca	propriété
fino/a	fin/e, délicat/e
firmar	signer
flauta	flûte
flequillo	frange (fem.)
flor	fleur
flotador	flotteur, bouée
fluir	couler
forma	forme
forro	doublure (fem.)
fósil	fossile
fotografía	photographie
fotografiar	photographier
frac	frac
frágil	fragile
frecuentemente	fréquemment
fregadero	évier
fregona	balai-brosse
freidora	friteuse
freno	frein
fresco/a	frais/fraîche
fresno	frêne
friegaplatos	machine à laver la vaisselle
frigorífico	frigidaire, frigo
frío/a	froid/e
frontera	frontière
fruta	fruit (masc.)
fuego	feu
fuera	dehors
fuerte	fort
fuga	fuite
fumar	fumer
función de noche	soirée
— de tarde	matinée
— única	représentation unique
funcionar	fonctionner, marcher
funicular	funiculaire
furgoneta	fourgonnette
fútbol	foot-ball

G

gabardina	gabardine
gafas	lunettes
— de buceo	— de plongée
— de sol	— de soleil
gallina	poule
gallo	coq
ganar	gagner
garbanzos	pois chiches
gargantilla	collier
garra	griffe
gas	gaz
gasa	gaze
gastar	dépenser
gato/a	chat/chatte
gesto	geste
gimnasia	gymnastique
gimnasio	gymnase, club de gym
globo	ballon
gobierno	gouvernement
golf	golf
golosina	gourmandise
golpe	coup
golpear	frapper
goma	gomme
gordo/a	gros/grosse
gorra	casquette
gorro de baño	bonnet de bain
gotera	gouttière
grabado	gravure (fem.)
gracias	merci
gracioso/a	gracieux/euse, drôle
grande	grand/e
granja	ferme
grifo	robinet
gritar	crier
grito	cri
grupo	groupe
guantes	gants
— de cuero	— de cuir
— de goma	— de caoutchouc
— de lana	— de laine
— de seda	gants de soie
guapo/a	beau/belle
guardar	garder
guerra	guerre
guisar	cuisiner
guitarra	guitare
— acústica	— acoustique
— eléctrica	— électrique

H

habitación	chambre
habitante	habitant
hablar	parler
hacer	faire
— fuego	— du feu
— gimnasia	— de la gymnastique
— preguntas	poser des questions
— punto	tricoter
— una lista de	— une liste de
hacia	vers
hambre	faim
hamburguesa	hamburger (masc.)
harina	farine
hasta	jusque
haya	hêtre (masc.)
hecho/a en	fabriqué/e en (à)
helado	glace (fem.)
helicóptero	hélicoptère
herida	blessure
herido/a	blessé/e
herir	blesser
hermoso/a	beau/belle
hierba	herbe
hierro	fer
hígado	foie
higos	figues (fem.)
hilo	fil
—de seda	— de soie
— de zurcir	— à repriser
himno	hymne
hinchable	gonflable
hipermetropía	hypermétropie
hipódromo	hippodrome
hipopótamo	hippopotame
hirviendo	bouillant
historia	histoire
hocico	museau
hoguera	bûcher
hoja de árbol	feuille d'arbre
— de papel	— de papier
honrado/a, sincero/a	honnête
hora	heure
hormiga	fourmi
horno	four
— microondas	— micro-ondes
hortaliza	légume vert
hospital	hôpital
hotel, hostal	hôtel
hoy	aujourd'hui
hoyo	trou
huella	trace
huerta	potager
huir	fuir
humo	fumée (fem.)

I

idea	idée
idiota	idiot/e
imaginar	imaginer
impedir	empêcher
imperdible	épingle de sûreté
impermeable	imperméable
importante	important/e
importar	importer
imposible	impossible
impresionar	impressionner
impuesto	imposé, impôt
incapaz (de)	incapable de
inclinar	incliner, pencher
incluso	inclus
infeliz	malheureux/euse
informar	renseigner, informer
insecto	insecte
inspector/a	inspecteur/trice
instante	instant
instituto	institut, lycée
instrumento	instrument
— de cuerda	— à cordes
— de percusión	— percussions
— de viento	— à vent
— musical	— de musique
insultar	insulter
inteligente	intelligent
intentar	tenter, essayer
intermedio	intermède,
— (teatro)	— entracte
interpretación	interprétation
interruptor	interrupteur
inútil	inutile
invitar	inviter
ir	aller
irse	s'en aller
isla	île
izquierdo/a	gauche

J

jabalí	sanglier
jabón	savon
jade	jade
jamás	jamais
jamón	jambon
— cocido	— cuit, blanc
— serrano	— de montagne
jardín	jardin
jaula	cage
jefe	chef
jersey	pull-over
jinete	cavalier
jirafa	girafe
joven	jeune
joyero	bijoutier
jugar	jouer
jugar, tocar	jouer (un instrument)
juguete	jouet
junto a	à côté de
jurar	jurer, prêter un serment
justo/a	juste
juzgar	juger

L

la	la
las	les
ladrón/a	voleur/euse
lago	lac
lágrima	larme
lámpara	lampe
langosta	langouste
langostino	gros bouquet
lanzar	lancer
lápiz	crayon
largo/a	long/longue
laurel	laurier
lavabo (retrete)	lavabo
lavadora	machine à laver
lavar	laver
lavar(se)	(se) laver
le	le, lui
les	leur
leche	lait
leche frita	lait frit
lector/a	lecteur/trice
leer	lire
legumbre	légumes secs
lejía	eau de Javel
lejos (de)	loin (de)
lencería	lingerie
lenguado	sole (fem.)
lentes de contacto	verres de contact
león	lion
leona	lionne
leotardos	collants
levantar (se)	(se) lever
levantar, construir construir	élever, construire, bâtir
levantarse	se lever
libra (esterlina)	livre (sterling)
libre	libre
libro	livre
— de aventuras	— d'aventures
— infantil	— d'enfants
liebre	lièvre (masc.)
liga	jarretière
liguero	porte-jarretelles
limón	citron
limpiar	nettoyer
limpio	propre
línea	ligne
llamar	appeler
llamarse	s'appeler
llanura	plaine
llave	clé
llegar	arriver
llenar (de)	remplir (de)
llevar	porter
llorar, gritar	pleurer, crier
llover	pleuvoir
lluvia	pluie
lluvioso/a	pluvieux/euse
lo	le
los	les
lobo	loup
localidad	
— (ciudad)	localité
— (lugar)	lieu
loco/a	fou/folle
locura	folie
lombarda	chou rouge
luchar	lutter
luego	après
lugar de nacimiento	lieu de naissance
residencia	résidence
luna	lune

lupa	loupe
luz	lumière

M

macramé	macramé
madera	bois
magnetófono	magnétophone
maíz	maïs
mal	mal
mala suerte	malchance, malheur
maleta	valise
malla	filet, maille
malo/a	méchant/e
manantial, fuente	source, fontaine
manchar	tacher, salir
mandar	commander
— enviar	envoyer
mandarina	mandarine
manecilla	
— (de reloj)	aiguille
— (palanca)	manette
manga	manche
manillar	guidon
manopla	gant
manta	couverture
mantequería	crémerie
mantequilla	beurre (masc.)
manzana	pomme
mañana (día)	demain
mañana (la)	matin
mapa	carte (fem.)
máquina	machine
— de afeitar	rasoir (masc.)
mar	mer (fem.)
marcar la hora	signaler l'heure
marcha	marche
marea	marée
mareado/a	évanoui/e, avoir un malaise
marfil	ivoire
margarina	margarine
mariposa	papillon
marisco	fruits de mer
mármol	marbre
más	plus
más de	plus de
más...que	plus...que
máscara	masque (masc.)
matar	tuer
mayor	plus grand, aîné
(el) mayor	l'aîne, le plus grand
mayor, menor de edad	majeur/e, mineur/e
mayores de 13/18 años	plus de 13/18 ans
mazapán	massepain
me	me
mechero	briquet
medallón	médaillon
medias	bas (masc.)
medio/a	demi/e
medir	mesurer
mejillón	moule (fem.)
mejor	meilleur, mieux
(lo) mejor	mieux
(el, la) mejor	(le, la) meilleur/e
melocotón	pêche (fem.)
melón	melon
membrillo	coing
memoria	mémoire
menos	moins
mentir	mentir
merecer	mériter
merengue	méringue (fem.)
merluza	colin (masc.)
mermelada	confiture
mero	mérou
mesa	table
meseta	plateau
meta	arrivée
metal precioso	métal précieux
meterse en	se mettre en
mezclar	mêler
mi	mon, ma
mí	moi
mía	mienne
mías	miennes
miedo	peur (fem.)
miel	miel (masc.)
mientras	pendant que
milhojas (pastel)	mille-feuille
Ministerio (de)	Ministère (de)
minutero	aiguille des minutes
minuto	minute (fem.)
mío	mien
míos	miens
miopía	myopie
mirar	regarder
misterio	mystère
mochila	sac à dos

mojado/a, lluvioso/a	mouillé/e, pluvieux/euse
molestar	gêner, déranger
momento	moment
moneda	monnaie, pièce
monedero	porte-monnaie
mono	singe
montaña	montagne
montañismo	alpinisme
montar a caballo	monter à cheval
— en bicicleta	— à bicyclette
montura	monture
moqueta	moquette
moras	mûres
moreno/a	brun/e, bronzé (piel)
morir	mourir
mortadela	mortadelle
mosca	mouche
mosquito	moustique
mostaza	moutarde
moto	moto
motora	canot
motorismo	motocyclisme
mousse de café	mousse au café
— de chocolate	— au chocolat
mover	mouvoir, bouger
mucho/a/os/as	beaucoup
mudo/a	muet/muette
mueble	meuble
muerto/a	mort/e
mundo	monde
muñeca	poupée
muro	mur
música clásica	musique classique
— de cámara	— de chambre
— de jazz	— de jazz
— instrumental	— instrumentale
— moderna	— moderne
— polifónica	— polyphonique
— pop	— pop
— popular	— populaire
— rock	— rock
— sacra	— sacrée
— sinfónica	— symphonique
muslo	cuisse (fem.)
muy	très

N

nabo	navet
nacer	naître
nacido/a	né/e
nación	nation
nacionalidad	nationalité
nada	rien
nadar	nager
naranja	orange
nata	crème
natación	natation
natillas	crème anglaise
necesario/a	nécessaire
necesitar	avoir besoin de
negarse (a)	refuser de
neumático	pneu
ni	ni
ninguno/a	aucun/une
nido	nid
nivel	niveau
no	non, ne
no más	ne plus
noche	nuit
nombre	nom, prénom
nos	nous
nosotros/as	nous
nota	note
nuestro/a/os/as	notre, nos
nuevo/a	nouveau/ nouvelle, neuf/ neuve
nuez	noix
número	nombre, numéro
nunca	jamais

O

o	ou
obertura	ouverture
objeto	objet
obligatorio/a	obligatoire
obra	oeuvre
obra de teatro	pièce de théâtre
observar	observer
océano	océan
ocupado/a	occupé/e
ocurrir	arriver
odiar	haïr
oficina de información	bureau de renseignements, Syndicat d'Initiative, accueil
oír	entendre
ola	vague
oleaje	houle (fem.)
oler	sentir

olla a presión autocuiseur
olmo orme
olor odeur
olvidar oublier
ópera opéra
opereta opérette
opinión opinion
orfebrería orfèvrerie
organdí organdi
órgano orgue
orgullo orgueil
oro or
orquesta orchestre (masc.)
os vous
oscuridad obscurité
oscuro/a obscur/e
o sea c'est à dire
oso ours
ostras huîtres
otra vez une autre fois
otro un autre
oveja brebis

P

pagar payer
página page
país pays
paisaje paysage
pajarita cocotte (de papel)
noeud papillon (adorno)
pájaro oiseau
pala pelle
palabra mot
paletilla épaule, palette
pálido/a pâle
palo bâton
paloma pigeon
pantalón pantalon
pantalones cortos short
pantalones vaqueros blue-jean
pantano réservoir
paño drap
pañuelo mouchoir
papel papier
— calco — carbone, papier calque
— de cartas — à lettres
— de embalar — d'emballage
— de estaño — d'étain
papelera corbeille à papier
paquete paquet
para pour
paraguas parapluie
parapeto parapet
parecerse a ressembler
pared mur (masc.)
pareja couple
parque parc
partido parti
pasamontañas passe-montagne
pasaporte passeport
pasas (ciruelas) pruneaux
pasillo couloir
paso passage
paso de cebra passage piéton clouté
pasta (italiana) pâte (italienne)
pastas (confitería) petits gâteaux
pastel gâteau
pata patte
patata pomme de terre
patín patin
patinar patiner
patio de butacas orchestre
pato/a canard
pavo paon, dindon/dinde
paz paix
peatón piéton
pecera aquarium
pedal pédale (fem.)
pedir demander
pegar coller,
— (golpear) battre
peinado coiffure
película film
— bélica — de guerre
— comedia — comédie
— de acción — d'action
— de aventuras — d'aventures
— de ciencia-ficción — de science-fiction
— de dibujos animados — de dessins animés
— de suspense — de suspense
— de terror — d'horreur
— documental — documentaire
— drama — drame
— erótica — érotique
— histórica — historique
— musical — comédie musicale
— policiaca — policier

peligro	danger
peligroso/a	dangereux/euse
pelo	cheveu
pelota	balle
pena	peine
península	péninsule, presqu'île
pensamiento	pensée (fem.)
pensar	penser
pensar en	penser à
pepinillo	cornichon
pepino	concombre
pequeño/a	petit/e
pera	poire
percebe	anatife
percha	portemanteau (para ropa)
percusión	percussion
perder	perdre
perdiz	perdrix
perdonar algo a uno	pardonner quelque chose à quelqu'un
perejil	persil
perfecto/a	parfait/e
periódico	journal
permiso	permis
permitir	permettre
pero	mais
perro/a	chien/ne
perseguir	persecuter, poursuivre
persiana	store
persona	personne
pertenecer a	appartenir à
pesado/a	lourd/e
pesar	peser
pesca	pêche
pescadilla	colinot
pescado	poisson
pescar	pêcher
peso	poids
petaca	étui à cigarettes
petróleo	pétrole
petrolero	pétrolier
pez	poisson
pianista	pianiste
picadillo	hachis
pico (ave)	bec
— (montaña)	pic
piedra	pierre
pierna	jambe
pieza de cerámica	objet en céramique
pijama	pyjama
pila	tas,
— fregadero	évier
pimentón	poivron
pimiento	piment
pinchar (se), romper (se)	(se) piquer, crever (se) casser
pinchazo	crevaison, piqûre
pino	pin
pintar	peindre
pintura	peinture
piña	pomme de pin
piña tropical	anana
piragua	pirogue
piragüismo	piroguisme
piscina	piscine
— al aire libre	— en plein air
— cubierta	— couverte
piso (suelo)	plancher
— (vivienda)	appartement
pista	piste
— de hielo	piste de glace
placer	plaisir
plancha	fer à repasser
planchar	repasser
plano	plat
planta (piso)	étage
plátano	banane
platería	orfèvrerie
plato	assiette (fem.)
playa	plage
plaza	place
pluma (ave)	plume
— (estilogr.)	stylo (masc.)
pobre	pauvre
poco	peu
poder	pouvoir
policía	police
pollo	poulet
polo	pôle
polvo	poussière
polvos para la cara	poudre (fem.)
pomelo	pamplemousse
poner (se)	mettre
ponerse de pie	se mettre debout
por, para	par, pour
por ejemplo	par exemple
por fin	dernièrement
por qué	pour quoi
porque	par ce que
por supuesto	naturellement, bien entendu

por tanto c'est pourquoi
porcelana porcelaine
portal vestibule
portería conciergerie
portero/a concierge
postre dessert
precio prix
precipitarse se précipiter
preferido/a préféré/e
preferir préférer
pregunta demande, question
preguntar (por) demander
preguntarse se demander
preocupado/a soucieux/euse, préoccupé/e
preocuparse por se soucier de, se préoccuper de
presentar présenter
primero/a premier/ère
princesa princesse
príncipe prince
prismáticos jumelles (fem.)
problema problème
producir produire
producto produit
productor/a producteur/trice
profesión profession
profundidad profondeur
profundo/a profond/e
programa programme
prohibido/a défendu/e, interdit/e
prohibir défendre, interdire
pronto bientôt
pronunciar prononcer
proteger protéger
provincia département
pueblo village
puente pont
pues donc
puerta porte
pulga puce
pulpo poulpe, pieuvre
punto point
— de partida — de départ
— de vista — de vue

Q

que que
qué que, quoi
quemadura brûlure
quemar brûler
querer, gustar vouloir, aimer
quien, quienes qui
quitarse se retirer
quizás peut-être

R

radio radio
raíz racine
rama branche
rápidamente, de prisa rapidement, vite
rápido/a rapide
raqueta raquette
rascacielos gratte-ciel
rato moment
ratón souris (fem.)
raya raie
raza race
rebeca cardigan (masc.)
rechazar repousser, refouler
recibir recevoir
reclamar réclamer
recogedor pelle (à ordures)
recoger ramasser
reconocer reconnaître
recto/a droit/e
recuerdo souvenir
red (de carreteras) réseau,
— (de pesca) filet
reflexionar réfléchir
refugio refuge
regata régate
región région
registrar, inscribirse enregistrer, s'inscrire
reina reine
reír rire
reírse de se moquer de
religión religion
religioso/a religieux/euse
reloj montre, pendule, horloge (todos fem.)
remo rame (fem.)
remolacha betterave
remolino remous
remolque remorque (fem.)
remonte remonte-pente, remontée (fem.)
reparar réparer

reparar, reponerse réparer, se remettre
reparto distribution, livraison
repollo chou pommé
reposición remise en place, reprise
representación représentation
resaca ressac (masc.)
resbalar glisser
reservar réserver, retenir
resolver résoudre
respeto respect
responder répondre
reaccionar réactionner
respuesta réponse
resultado résultat
retrato portrait
revista revue
— de opinión — d'opinion
— del corazón — du coeur
rey roi
rico/a riche
rinoceronte rhinocéros
riñon rein
río rivière, fleuve
ritmo rythme
rizo boucle (fem.)
robar voler
roble rouvre
robo vol
roca roche
romper (se) (se) casser
ropa interior linge (masc.)
rubio/a blond/e
ruborizarse rougir
rueda roue
ruido bruit
ruinas ruines
rumbo direction

S

sábana drap (masc.)
saber, conocer saboir, connaître
sacacorchos tire-bouchon
sacapuntas taille-crayon
sacar sortir
saco de dormir sac de dormir, sac de couchage, sac de voyage
sal sel (masc.)
sala salle
— de conciertos — de concert
— de estar — de séjour
salchichas saucisses
salchichón saucisson
sales de baño sels de bain
salmón saumon
— ahumado — fumé
salón salon
— de belleza — de beauté
salsa sauce
— de tomate — de tomate
— rosa — rose
— tártara — tartare
saltar sauter
saludar saluer
salvaje sauvage
salvar sauver
sapo crapaud
sardina sardine
sartén poêle
satén satin
sauce saule
saxofón saxophone
se se
secador de pelo sèche-cheveux
secar (se) (se) sécher
seco/a sec/sèche
secreto/a secret/e
sed soif
sedal ligne (fem.)
seguir suivre
según d'après, selon
segundero aiguille des secondes
segundo seconde,
— (ordinal) deuxième
seguridad sûreté, sécurité
semáforo feux (plur.)
semana semaine
sencillo/a simple
sentarse s'asseoir
sentido sens,
— (dirección) direction
sentir sentir
señal, marca signal (mas.), marque
separar(se) (se) séparer
ser, estar être
serio/a sérieux/euse
serpiente serpent (masc.)
servicio service
servilleta serviette
sesión séance
— de cine — de cinéma

sesos	cervelles
seta	champignon
si	si
sí	oui
siempre	toujours
sierra	scie
significar	signifier
siguiente	suivant
silencio	silence
silencioso/a	silencieux/euse, tranquille
silla	chaise
sillón	fauteuil
simpático/a	sympathique, gentil
sin	sans
sin embargo	cependant
sinfonía	symphonie
sino	mais
sobre	enveloppe (fem.)
sobre, encima	sur
sociedad	société
socio/a	associé/e, membre
sol	soleil
solapa	revers (masc.)
solista	soliste
solo/a	seul/e
soltero/a	célibataire
sombra	ombre
sombrerería	chapellerie
sombrero	chapeau
sombrilla	ombrelle
sonar	sonner
sonar, tocar, llamar por teléfono	sonner, appeler, téléphoner
sonata	sonate
sonido	son
sonreír	sourire
sonrisa	sourire
soñar	rêver
sopa	soupe
soprano	soprano
sordo/a	sourd/e
sorpresa	surprise
su (masc.)	son
su (fem.)	sa
suave	doux/douce, mou/molle
suavizante	
— para el pelo	baume embellisseur
— para la ropa	adoucissant
subasta	vente aux enchères
subir	monter
subir a	monter à
submarino	sous-marin
suburbio	banlieue
suceder	arriver
sucio/a	sale
suelo	sol
sueño	rêve
suerte	chance
sujetador	soutien-gorge
suponer	supposer
sus	ses
sustituir	substituer
suya	sienne
suyas	siennes
suyo	sien
suyos	siens

T

taco	carnet (de billets)
tallarines	nouilles (fem.)
taller atesanal	atelier d'artisan
tamaño	dimensions
también	aussi
tampoco	non plus
tan	si, tellement
tan...como	aussi...que
tan...que	si...que
tanto	autant, tellement
tapa	couvercle (masc.)
tapiz	tapisserie (fem.)
tarde	
— (a destiempo)	tard,
— la tarde	après-midi, soir
tarea	tâche
tarro	pot
tarta	tarte
taxi	taxi
te	te
te (infus.)	the
teatro	théâtre
techo	plafond
teclados	clavier
teja	tuile
tejado	toit
tejido de punto	tissu, jersey
tela	toile
telefonear	téléphoner
teléfono	téléphone

telesilla	télésiège
telesquí	téleski
televisión	télévision
televisor	téléviseur
temperatura	température
temprano	tôt, de bonne heure
tenedor	fourchette (fem.)
tener, haber	avoir
— hambre/sed	— faim/soif
— lugar	— lieu
— miedo	— peur
— razón	— raison
tenis	tennis
tenor	ténor
terminar	finir
ternera	veau (masc.)
terremoto	tremblement de terre
terrible	terrible
texto	texte
ti	toi
tiburón	requin
tiempo	temps
tienda	boutique
— de alfombras	— de tapis
— de armas	— d'armes
tienda de campaña	tente
tierra	terre
tigre	tigre
tigresa	tigresse
timbre	timbre
tímido/a	timide
tinta azul/ negra/roja	encre bleue/ noire/rouge
tintero	encrier
tiple	soprano
tipo	type
tirantes	bretelles
tirar (disparar)	tirer
— (arrojar)	jeter
tirar de	traîner de
tiro	tir, coup
toalla	serviette
toallitas de papel	serviettes de papier
tocadiscos	tourne-disque
tocar	toucher
tocar (música)	sonner, jouer
tocino	lard
todavía	encore
todo/a	tout/e
todos/as	tous/toutes
tolerada	pour tous
tomar	prendre
tomar el sol	prendre le soleil
tomate	tomate (fem.)
tonto/a	sot/sotte
topacio	topaze
toro	taureau
tortuga	tortue
trabajar	travailler
traer	apporter
tragedia	tragédie
tragicomedia	tragi-comédie
trago	gorgée (fem.)
traje de baño	costume de bain, maillot
— de caballero	vêtement d'homme
— de chaqueta	costume
— de noche	robe du soir
trampolín	tremplin
tranquilidad	tranquillité
tranquilo/a	tranquille
transbordador	transbordeur
transformador	transformateur
transporte	transport
tranvía	tramway, tram
trapo	chiffon
tras	derrière, après
travieso/a	espiègle
tren	train
trigo	blé
trimestre	trimestre
triste	triste
tristeza	tristesse
trombón	trombone
trompa	trompe, cor (masc.)
trompeta	trompette
tronco	tronc
trucha	truite
truco	truc
tú	tu
tu (poses.)	ton (masc.), ta (fem.)
tuba	tuba (masc.)
tubo	tuyau
tul	tulle
tumbona	chaise-longue
turismo	tourisme
turno	tour
turquesa	turquoise
tus	tes
tuya/s	tienne/s
tuyo/s	tien/s

U

último/a	dernier/ère
un, uno	un
una	une
unos/as	des
unir	unir
universidad	université
urgente	urgent, exprès
usar	user, employer
usted	vous
ustedes	vous
útil, servicial	utile, serviable
uvas	raisins

V

vaca	vache
vacaciones	vacances
vaciar (se)	(se) vider
vacío/a	vide
vajilla	vaisselle
valiente	courageux/euse
valle	vallée
valor	valeur (fem.)
varios	plusieurs
vaso	verre
vehículo	véhicule
vela	bougie
— de barco	voile
velero	voilier, bateau à voiles
venado	cerf
vencer	vaincre
vender (se)	(se) vendre
veneno	poison
venir	venir
venta anticipada	vente anticipée, vente à l'avance
ventana	fenêtre
ver	voir
verdura	légumes verts
vergüenza	honte
versión	
— original	film en version originale
— subtitulada	film sous-titré
vestíbulo	vestibule
vestido	robe (de mujer)
vestir(se)	(s') habiller
vestuario	garde-robe
vez	fois
viajar	voyager
vidrio	verre
viejo/a	vieux,/vieille, vieillard/e
viejo, antiguo	vieux/vieille, ancien/ne
vigilancia	surveillance
vigilante	surveillant
vinagre	vinaigre
viola	viole
violento/a	violent/e
violín	violon
violonchelo	violoncelle
visitar	visiter
viudo/a	veuf/veuve
vivir	vivre
vivo/a	vif/vive, vivant/e
volar	voler
volcán	volcan
volver	retourner, tourner
volver (se)	(se) retourner
volverse hacia	se tourner vers
vosotros/as	vous
vuestro/a	votre
vuestros/as	votres
voz	voix
vuelo	vol

W

water	water, toilette

Y

y	et
ya	déjà
yate	yacht
yegua	jument
yema	
— de planta	bourgeon
— de huevo	jaune
yo	je

Z

zafiro	saphir
zanahoria	carotte
zapatillas	
— de agua	chaussons d'eau
zarzamora	mûre
zona	zone
zorro/a	renard (masc.)

ÍNDICE ALFABÉTICO